Texte © 1996 - 2024 by Rolf Gänsrich
Verlag: BoD · Books on Demand GmbH, In de Tarpen 42,
22848 Norderstedt
Druck: Libri Plureos GmbH, Friedensallee 273, 22763 Hamburg

ISBN: 978-3-7597-9262-4

Rolf Gänsrichs
Prenzlberger Ansichten
4. Nachschlag

Vorwort

Himmel, dass das solche Mengen an Texten für die Zeitung sind, hätte ich nicht gedacht. Hier also die <u>ungedruckten</u> Artikel.
Und wieder zeitlich bunt gemischt nach dem jeweiligen Dateinamen auf meinem Rechner geordnet. Außerdem sei mir der Hinweis gestattet, dass Sie hier wie immer drei deutsche Rechtschreibungen finden, die alte, die neue und meine. Die Interpunktion erfolgt dem Klangbild nach aus dem Bauch heraus.
Viele werden sich jetzt sicher auch Fragen, warum der 4. Band vor dem 3. Band erscheint! Hat einen einfachen Grund: ich wollte in Band 3 noch die Artikel von mir mit aufnehmen, der in der letzten Ausgabe der Zeitung erschienen, weil sie thematisch so schön passten.
Noch eine abschließende Erläuterung. Bis Sommer 2005 hatte ich kein Internet. Daher bestand bei mit überhaupt nicht der Bedarf daran, meine Artikel auf meinem PC, den ich damals seit 1999 hatte, abzuspeichern, um sie per E-Mail zu versenden. Zudem waren damals die in die Rechner eingebauten Festplatten von der Speicherkapazität her noch extrem klein. Sie lag bei 4,5 GB, bzw. 4,8 GB. Heute gelten 500 GB bereits als klein. Deshalb wurde auf den Rechnern nur das Notwendigste gespeichert und alles andere wieder gelöscht.

Und nun, auf geht's! Lassen Sie uns in meinen alten Texten stöbern.
Rolf Gänsrich am 21. + 25.5. + 19.6.2024

*

Mit dem 1. September 1939 begann der vom Hitler-Regime angezettelte II.Weltkrieg. Ab dem 12.August 1940 wurden erstmals durch Bomber der Deutschen Wehrmacht die britischen Inseln direkt angegriffen.

Dieser so beginnenden „Luftschlacht um England" war gewissermaßen eine Testphase der „Legion Condor" voraus gegangen. Die „Legion Condor" war eine verdeckt, das heißt ohne deutsche Uniformen oder Hoheitszeichen, operierende Einheit der deutschen Wehrmacht im Spanischen Bürgerkrieg.

Sie wurde 1936 unter strengster Geheimhaltung ins Leben gerufen, griff in alle bedeutenden Schlachten ein und war wichtig für den Sieg der Putschisten unter General Franco über Spaniens demokratisch gewählte Regierung. Ihre Existenz wurde bis 1939 geleugnet.

Die Legion Condor errichtete die erste Luftbrücke, führte den ersten massiven Luftkrieg der Geschichte gegen die Zivilbevölkerung eines europäischen Landes und verübte die ersten Verbrechen der Wehrmacht. Bekannt wurde die Legion Condor insbesondere durch die völkerrechtswidrige Bombardierung und Zerstörung Guernicas 1937, das so zu einem weltweiten Symbol für die Gräuel des Krieges wurde.

In England waren die ersten Ziele der deutschen Luftwaffe im Krieg ab 1939 natürlich Flughäfen, militärische Objekte, Hafenanlagen und schließlich Industriegebiete.

Sie sollten England so weit schwächen, dass es entweder freiwillig aufgab oder eine deutsche Invasion, eine Anlandung auf den britischen Inseln möglich machte. Durch die deutsche Wehrmacht wurden dann aber tatsächlich nur einige britische Inseln im Ärmelkanal, wie z.B. Jersey okkupiert.

Großbritannien wehrte sich ziemlich schnell. Bereits am 5.September 1939 hatte die britische „Royal Air Force" (RAF) Wilhelmshaven angegriffen.

Berlin wurde durch die RAF vom 25.August 1940 bis zum 30.März 1945 bombardiert, da hieß aber der Chef der Deutschen Luftwaffe, Herrmann Göhring, schon lange in der Berliner Bevölkerung nur noch Meier, hatte doch der, wie er auch hieß, „Goldfasan" oder „Lametta-Heini", bei Kriegsbeginn vollmundig erklärt, er wolle Meier heißen, sollte jemals ein alliiertes Flugzeug Berlin erreichen.

Mit dem Eintritt der USA in den Krieg, nach dem Angriff der Japaner auf den US-Stützpunkt Pearl Harbor in Oahu auf Hawaii am 7.Dezember 1941, teilten sich Briten und Amerikaner die Luftangriffe auf Deutschland. Tags über griff die damalige US-Army-Air-Force (USAAF) die Industriegebiete und Verkehrsandern an, Nachts terrorisierte die RAF die Zivilbevölkerung.

In Berlin wurden vom ersten Kriegstage an Bordsteinkanten mit Leuchtfarbe gestrichen, denn eine Straßenbeleuchtung gab es Nachts im Krieg nicht mehr. Auch wurde Nachts Verdunklung angeordnet. Die Menschen mussten Fensterläden schließen und Rollos herunter lassen. Autos, Straßen- und S-Bahnen fuhren mit Tarnscheinwerfern, die nur noch einen kleinen Lichtschlitz nach vorn warfen, Grundwehrdienstleistende der NVA werden diese noch aus eigenem Erleben kennen.

Aber auch in den Bussen und Bahnen selbst war „Verdunklung" angesagt, die Fahrgastkabinen hatten an den Scheiben selbst Rollos und wurden innen nur schummerig beleuchtet. Die S-Bahnen zum Beispiel hörte man eher in die, gleichfalls unbeleuchteten Bahnhöfe, einfahren, bevor man sie sah. Da in dieser permanenten Dunkelheit und bei Gedränge auch oft die Zugtüren kaum von Wagenzwischenräumen zu unterscheiden waren, schweißte man recht bald und nach einigen Unfällen, bei denen Menschen von Bahnsteigkanten auf Gleise und Stromschienen gefallen waren, Metallbügel in Brusthöhe an die Waggonenden.

Das Leben unter diesen permanenten Luftangriffen muss zermürbend für die Zivilbevölkerung gewesen sein. Ständig auf gepackten Koffern sitzen, oder im Luftschutzraum Stunden lang, Tage lang herum sitzen, warten und hoffen, dass man den nächsten Luftangriff auch wieder übersteht. Ein Soldat hat es da besser, denn er kann bei einem Angriff entweder zurück schießen und sich selbst verteidigen, oder sich selbst eingraben, oder weg laufen oder sich selbst die Kugel geben. All diese Möglichkeiten hat ein Zivilist nicht.

Mein Vater, in der Pappelallee 62 aufgewachsen und bei Kriegsende gerade erst vier Jahre alt (und leider schon am 29. Januar 2010 verstorben) erzählte mir immer, wie schlimm gerade die letzten Kriegstage waren. Ständig raus aus dem warmen Bett, rein in den kalten, muffigen Keller des Hauses, warten. Dann war auch plötzlich mal seine Mutter weg, weil sie von irgendwoher was zu essen organisierte und die dann wohl bei einem dieser „Ausflüge" nur um Haaresbreite einem Scharfschützen entging … .
Und dann die letzten Tage, wo sie dann gar nicht mehr aus den Kellern heraus kamen.
Das war dann auch schon eine Zeit, in der viele Leute die Fenster in ihren Wohnungen mit Holz und Pappe vernagelt hatten. Durch die Druckwellen bei den Luftangriffen waren die meisten Fensterscheiben in der Stadt zersprungen. Glas war Mangelware und viele, die dann neue Glasscheiben hätten bekommen können, vernagelten trotzdem lieber ihre Fenster, denn beim nächsten Luftangriff splitterten die Scheiben ohnehin wieder. Hinzu kam die dann noch erhöhte Verletzungsgefahr durch eben jene Glassplitter.

In den letzten Kriegstagen gab es schließlich keinen eindeutigen Frontverlauf in der Stadt mehr. Saßen um zwölf Uhr im Keller des Vorderhauses die Russen und im Dachgeschoss des Seitenflügels noch die Wehrmacht, konnte das eine Stunde später bereits wieder umgekehrt sein.

Hinzu kam, dass die meisten Keller eines Häuserblocks untereinander verbunden waren. Die Häuser trennenden Wände waren überall bereits zu Kriegsbeginn nur lose zu gemauert und sollten als Fluchtweg, für die in diesem Schutzraum Sitzenden dienen, sollte deren Haus von Bomben getroffen sein. Zum Kriegsende hin waren die meisten dieser Mauerdurchbrüche von der Bevölkerung längst begehbar gemacht.

Mein Vater erzählte mir davon, wie er noch so einiges von diesen letzten Kampfhandlungen mit bekam und wie ständig Soldaten in anderen Uniformen durch die Keller flitzten.

Um den Zeitpunkt der eigentlichen Kapitulation Berlins am 2.Mai 1945 herum, brach noch eine Gruppe von SS- und Wehrmachtssoldaten aus dem Berliner Kessel in Richtung Norden, genau durch diese Keller in der Pappelallee, aus.

Von den Kampfhandlungen in Berlin zeugen die bis heute sichtbaren Einschusslöcher in den Fassaden der wenigen noch nicht sanierten Häuser, davon auch einige in der Pappelallee und vom dortigen Friedhofspark aus erkennbar.

Auf Humann- und Helmholtzplatz waren im Krieg Löschteiche angelegt worden. In diesen verscharrte man nach den Kämpfen eiligst Soldaten beider Armeen.

Ich habe nicht heraus bekommen, ob diese jemals wirklich exhumiert wurden, aber anzunehmen ist es.

Unser Bild hier zeigt den Helmholtzplatz vermutlich im Frühjahr 1946. Wir können es leider nicht direkt datieren. Die gröbsten Kriegsschäden scheinen bereits beseitigt, jedoch sieht man überall noch diese mit Holz und Pappe vernagelten Fenster. Der Platz ist weitest gehend abgeholzt.

Nach der Katastrophe „Krieg" kam es 1945/46 zum „Hungerwinter". Die Männer waren meist noch in Gefangenschaft, die Äcker waren im Frühjahr 1945, aus verständlichen Gründen, nicht oder kaum bestellt worden, Brennmaterialien gab es, wegen der fehlenden BergMÄNNER, auch kaum, dazu kamen die fast komplette Zerstörung der Infrastruktur und der Verkehrswege in Deutschland, Gerangel der Alliierten um Kompetenzen untereinander, zugige, weil meist kaputte Wohnungen und eine besonders harte Kältewelle. Viele, die den Krieg überlebt hatten, erfroren in diesem Winter.

In seiner Not, den Menschen irgendwie helfen zu wollen, gab der Berliner Magistrat deshalb die Fällung von Straßenbäumen frei und verteilte die Bäume, auch in Parks und auf Plätzen, an die Hausgemeinschaften, ... also sie wies diesen dann bestimmte Bäume zur Fällung zu.

Was zum Beispiel an Bäumen im Tiergarten den Endkampf um Berlin überlebt hatte, wurde dann dort in diesem Winter abgeholzt.

Deshalb ist der Helmholtzplatz auf diesem Foto auch so kahl. Ein nächster Schritt des Berliner Magistrats, um dem Hunger herr zu werden, war dann, dass alle Plätze beackert werden durften. Und so sehen wir auf diesem Bild hier offenbar ganze Hausgemeinschaften auf dem Helmholtzplatz bei der Gartenarbeit im Frühjahr 1946. Es ging dabei vor allem um den Anbau von Kartoffeln und um Kohl- oder Steckrüben.

Und dann sind mir auch noch die Geschichten meines Vaters und meiner 1982 verstorbenen Großmutter mütterlicherseits in Erinnerung, die mir davon berichteten, wie man nach dem Krieg überall, wo man es konnte, Nahrung herstellte. Kaninchen und vor allem Hühner wurden (nicht Art gerecht) in kleinen Verschlägen auf Balkonen oder sogar in Küchen gehalten. Und in Blumenkästen und als Zimmerpflanzen gediehen vor allem Tabak und Rüben.

*

Weihnachten zwischen Colloseum und Westpaket

Im Zuge der ganzen Fernsehbilder, die man rund um den 20. Jahrestag des Mauerfalles sah, hab ich mich gefragt, wie denn wohl die Kontakte zwischen Ost- und Westberlin während der Mauer aussahen.

Den Genuss, sich innerhalb Deutschlands frei bewegen zu können, hatte man schon seit Beginn des II.Weltkrieges eigentlich nicht mehr. Wobei es in den ersten Kriegsjahren, als die Deutsche Wehrmacht vom einen zum anderen Sieg taumelte, Privatpersonen noch durchaus möglich war, zu reisen. Aber spätestens, als die 6.Armee vor Stalingrad eingeschlossen wurde (Ende 1942) hieß es: „Räder rollen für den Sieg" und Privatreisen waren nicht mehr möglich.

Mit dem Beginn der Besatzungszeit in Deutschland nach dem Krieg konnten sich die Bürger nur problemlos (abgesehen von der zerstörten oder demontierten Verkehrsinfrastuktur) innerhalb der eigenen Besatzungszone bewegen. Nach Gründung von DDR und BRD 1949 wurden die Grenzen zwischen beiden deutschen Staaten (die sogenannten „Interzonengrenzen") schon 1952 komplett verriegelt und lediglich West-Berlin war für die DDR-Bürger erreichbar.

Am 13.August 61 war mit dem Mauerbau auch da Schluss. Wir sehen noch die Bilder weinender Mütter, an Fenstersimsen hängende Großeltern usw. in der Bernauer Straße.

Die persönlichen Kontakte rissen unvermittelt ab. Wusste man da nicht mehr, wie es der Verwandtschaft, den Freunden im anderen Teil der Stadt erging, hab ich mich gefragt? Auch das innerstädtische Telefonnetz war 1952 getrennt worden. Aber in Ostberlin hatte ohnehin damals kaum eine Privatperson einen Telefonanschluss. Einzig innerhalb des internen Netzes der Deutschen Reichsbahn konnte man von Ost nach West, nur dienstlich, telefonieren, da die DDR-Reichsbahn auch die Strecken (einschließlich

S-Bahnnetz) in Westberlin betrieb. Irgendwie ab 1972 gab es dann einen Handvermittelten Dienst, ab wohl 1974 auch einige Selbstwählleitungen zwischen den beiden Stadthälften, mit der Vorwahl von Ost- nach Westberlin: 849, wie es mein Telefonbuch von 1989 besagt. Übrigens das DDR-Telefonnetz war noch 1990 auf dem technischen Stand der frühen 30er Jahre.

Ein Kuriosum für die heutige Zeit: die Rohrpost in (Ost-) Berlin wurde am 1. März 1949 wieder aufgenommen und erst 1977 eingestellt. Die Beförderungsgebühr betrug 20 Pfennige je Sendung.

Also, wie waren da die Kontakte? Es gab wenigstens Briefe? Im Internet ist da nicht viel zu erfahren. Also musste ich Freunde und Bekannte fragen, die zur Zeit des Mauerbaus schon so weit erwachsen waren, dass sie das ganze Drama bewusst miterlebten. Und nun also, ja! Briefe konnten geschrieben werden.

Die Post wurde weiter befördert. Wobei man sicher sein konnte, dass nationale wie internationale Geheimdienste garantiert das eine oder andere mitlasen. Es dauerte auch. Zehn bis vierzehn Tage für die Laufzeit waren da normal.

Und dann gab es zu Weihnachten das legendäre „Westpaket" von der Oma, dem Onkel oder den Freunden von „drüben".

Der Inhalt der Westpakete, die mit der Aufschrift „Geschenksendung, keine Handelsware" gekennzeichnet sein und ein Inhaltsverzeichnis enthalten musste, ähnelte sich oft. Verschickt wurden neben überwiegend gebrauchter Kleidung vor allem Süßigkeiten, Orangen, Kaffee, Zigaretten und Obstkonserven wie Dosenananas. Die Paketkontrollen in der DDR waren sehr scharf, so dass es passieren konnte, wenn die Inhaltsangaben ungenau oder falsch waren, dass solche Pakete mit ihrem gesamten Inhalt beschlagnahmt und eingezogen wurden. Zurückgeschickt wurden sie nie!

Dennoch enthielten Pakete, deren Versand die westdeutschen Absender steuermindernd geltend machen konnten, pro Jahr etwa 1000 Tonnen Kaffee und fünf Millionen meist gebrauchte Kleidungsstücke.

Ich erinnere mich, dass diese Westpakete, wenn man sie öffnete, immer besonders rochen, ... so etwas süßlich nach Orange, Tabak und Zuckerwaren. ... Für mich der Inbegriff des Weihnachtsgeruchs!

Am 20. März 1976 wurde das Abkommen über Post- und Fernmeldewesen zwischen der DDR und der BRD unterzeichnet. Ab dem 1. Juli 1976 galten im Internationaler Postverkehr mit der BRD und Berlin (West) neue Bestimmungen. Päckchen waren bis zum Höchstgewicht von 2 kg zugelassen. Im Postverkehr mit der BRD und mit Berlin (West) war die Abtretung von Ersatzansprüchen ausgeschlossen.

„Die Westler" konnten einen erst Jahre nach dem Mauerbau im Ostteil besuchen. Dafür gab es ein spezielles „Passierscheinabkommen". Unterhändler unterzeichneten am 17. Dezember 1963 das erste Passierscheinabkommen. Ost-Berliner Verwandte durften erstmals zwischen dem 19. Dezember 1963 und dem 5. Januar 1964 besucht werden, etwa 700.000 West-Berliner machten Gebrauch davon.

Zu dieser Zeit gab es noch keine gegenseitige Anerkennung staatlicher Einrichtungen. Daher stand man vor dem Problem, mit welchem Personal man die einzurichtenden Passierscheinstellen in West-Berlin besetzen sollte. Polizei-angehörige und vergleichbares Personal aus der DDR waren durch den Westen nicht erwünscht.

Als Lösung dieses Problems wurden scheinbare Mitarbeiter der Deutschen Post eingesetzt. Es handelte sich um gegenüber dem Westen als Postler legendierte, also mit Postuniformen und Ausweisen versehene, Mitarbeiter des

Ministeriums für Staatssicherheit. Mit dieser Lösung konnten beide Seiten das Gesicht wahren.
Der Westen verhinderte amtliche Behördenvertreter aus dem Osten, der Osten konnte Staatsbedienstete zur Passierscheinerteilung einsetzen.
Soweit ich erfahren habe, konnten ab 1964 erstmals Rentner (der gleichbedeutende Begriff „Rentier" ist heute nicht mehr gebräuchlich) aus der DDR in den „Westen" reisen.

Bis 1966 folgten vier weitere Passierscheinabkommen mit der DDR:
Das 2. Passierscheinabkommen am 24. September 1964 (ab November 1964 erstmals mit Mindestumtausch von Devisen),
das 3. Passierscheinabkommen am 25. November 1965 und das 4. Passierscheinabkommen am 7. März 1966 für Ostern und Pfingsten. Zwischen dem 7. und 20. April 1966 sowie zwischen dem 23. Mai und 5. Juni 1966 durften West-Berliner Verwandte in Ost-Berlin besuchen,
das 5. Passierscheinabkommen am 6. Oktober 1966 für Weihnachten/Neujahr.
Danach blieb nur noch die Passierscheinstelle für dringende Familienangelegenheiten, also Härtefälle, erhalten. Von diesen Beschränkungen ausgenommen waren Geschäftsreisen, Reisen zur Leipziger Messe sowie Reisen auf Einladung amtlicher Stellen der DDR.

Das Viermächte-Abkommen über Berlin von 1971 und der Verkehrsvertrag vom 17. Oktober 1972 ersetzten später die bisherige Regelung des Personenverkehrs.
Nunmehr war es den Bewohnern von West-Berlin wieder regelmäßig möglich, nicht nur Verwandte, sondern auch Bekannte im Ostteil der Stadt und auch in der gesamten DDR nach Erteilung eines „Berechtigungsscheins zum Empfang eines Visums" zu besuchen.

Als die Regelungen ab 1971 in Kraft traten, machten uns die Lehrer in der Schule ideologisch scharf und sie berichteten von den bösen Westlern, die Verbrechern gleich, Gift in die Süßwaren täten, die sie uns mitbringen würden und ähnliche Schauermärchen, die wir, als Grundschüler, damals glaubten.

Um an Devisen zu gelangen, wurde gleichfalls mit diesen Besuchsabkommen ein Zwangumtausch von der DDR erhoben. Anfangs waren es 10 DM, eine Zeit lang nur 6,50 DM, ab den 80er Jahren 25 DM die pro Person und pro Besuchstag in der DDR von den Westberlinern bei der Einreise nach Ostberlin zum Kurs von 1 : 1 in DDR-Mark umgetauscht werden mussten. Eine ganz schöne Stange Geld für eine Arbeiterfamilie aus dem Wedding, die ihre Verwandten am Prenzlauer Berg besuchen wollten! Hatten die das Geld dann nicht ausgegeben, durften sie es bei der Ausreise aus Ostberlin jedoch nicht wieder zurücktauschen!

„Die Westler" besuchten uns 2 – 3 mal im Jahr meist am Samstag- oder Sonntagnachmittag, also zu einer Zeit, in der die Geschäfte schon geschlossen und selbst die Schönhauser Allee fast Menschenleer war. Und so entsinne ich mich noch mit Entzücken an die Goldene Hochzeit meiner Eltern, an der uns „die Westler" nun ausnahmsweise einmal mitten in der Woche besuchten und die über die nun sehr belebte Schönhauser Allee staunten.

Schon damals sehr beliebt war das Kino Colosseum. Ein Teil des Gebäudes wurde 1894 als Wagenhalle der Berliner Straßenbahn benutzt. Anfangs wurden hier ebenfalls zunächst die Pferde, nach der Umstellung auf elektrischen Betrieb nur noch Busse untergebracht. Am 12. September 1924 eröffnete das erste Filmtheater an diesem Ort. Es hatte 1000 Plätze für Besucher, welche hier neben Stummfilmaufführungen auch Varietéveranstaltungen mit Orchesterbegleitung erleben konnten.

Im Zweiten Weltkrieg wurde das Kino geschlossen; die Räume wurden als Lazarett genutzt. Nach Kriegsende diente das Gebäude als Wärmehalle, in der gelegentlich Kinovorführungen stattfanden. Im Anschluss daran wurde hier die Spielstätte des Metropol-Theaters eingerichtet, da dessen Gebäude im Krieg zerstört wurde. Nach einem Umbau eröffnete das Kino am 2. Mai 1957 erneut. Bis zur Errichtung des Kino „International" 1963 war das Colosseum das Premierenkino Ost-Berlins und damit der gesamten DDR. Schade, dass hier nach einem Umbau in den 90er Jahren nur noch die äußere Fassade erhalten geblieben ist. Ich habe mir kürzlich im „International" einen wunderbaren DEFA-Schwarz-Weiß-Film angesehen. Dieses Kino ist, einschließlich Vorhängen im (einzigen Kino-)Saal und Clubsesseln im Vorraum, noch vollkommen im Vor-Wende-Zustand, so dass der Film total zum umgebenden Ambiente passte.

*

Offensichtlich wenig sichtlich – 23
Richtigstellungen - am 29.4.2023

In dieser Ausgabe der Serie muss ich mal die verbrannte Erde wieder aufforsten, die meine Kollegen in der Mai-Ausgabe 2023, wegen ihrer, nett formuliert „unsauberen Recherchearbeit" hier hinterlassen haben.
Zuerst sei festgestellt, dass die Texte zur Hochbahn auf der letzten Seite und der Text auf Seite 6 (Verwalterhaus) zu den Friedhöfen zwischen Königs- und Prenzlauer Tor nicht von mir sind, sie aber durch die Arbeitsweise unserer Zeitung inhaltlich auch nicht mit mir abgestimmt wurden.

Nun zu den Richtigstellungen:
1. Über die Friedhöfe zwischen Königstor und Prenzlauer Tor hab ich selbst erst in der Januar-Ausgabe berichtet. Die beiden Friedhofsanlagen außerhalb der ehemaligen Akzisemauer sind nicht zusammen nur der St. Marien- / St.

Nikolai-Friedhof, sondern ab Höhe der ehemaligen Friedhofsgärtnerei teilt es sich! Der linke ist richtig der zur Marienkirche am Alex und der zur Nikolaikirche (im gleichnamigen historisierend aufgebauten Stadtkern). Diese beiden Friedhöfe, die in den Leisepark münden, sind derzeit nur über einen anderen Friedhof zu erreichen. Es ist dies der, der direkt an der Greifswalder liegt und dieser ist der St. Georgen-/St. Parochialfriedhof. Die Georgenkirche stand bis zu ihrer Sprengung 1949 dort, wo die östliche Einfahrt zum Autotunnel am Alexanderplatz ist. Die Parochialkirche steht indes zwischen historischer Stadtmauer (nicht Akzisemauer), der ältesten Kneipe Berlins "zur letzten Instanz", in Sichtweite der Senatsverwaltung für Finanzen am U-Bf. Klosterstraße. Es sind dies also zwei getrennte Friedhofanlagen!

Außerdem ist anzumerken, dass ausschließlich auf dem St.Georgen-/St. Parochialfriedhof und auf der Erweiterung des St. Marien-/St. Nikolai-Friedhofs seit fünfundzwanzig Jahren wieder Beisetzungen statt finden. Auf dem älteren Teil dieses Friedhofs, innerhalb der ehemaligen Akzisemauer, fand in den letzten Jahrzehnten nur noch eine einzige Ausnahmebeisetzung statt. Deshalb macht es auch wenig Sinn, wenn behauptet wird, dass in der Kapelle auf diesem alten Teil noch Beisetzungsfeiern statt finden, denn dann müssten Urne/Sarg und Trauergäste erst aus dem Friedhof hinaus auf die Prenzlauer Allee, dann weiter in die Straße Prenzlauer Berg hinein und dann hinter der Friedhofgärtnerei ein großes Stück über den St. Georgen-/St. Parochialfriedhof ziehen. Das macht in meinen Augen wenig Sinn.

2. zur Hochbahn ... schade dass das Wort "Magistratsschirm" dabei nicht vorkam. Stahl gibts seit der Eisenzeit. Im Gegensatz zu reinem Eisen ist Stahl eine Legierung aus Eisen und Kohlenstoff. Eisen allein ist zwar härter als Kupfer oder Bronze, aber es ist spröde und

splittert deshalb sehr, sehr leicht. Der Kohlenstoff macht das Eisen erst elastisch und diese Elastizität braucht man für Messer, Säbel, Klingen, Äxte, Fahrzeugrahmen, Brücken, Bahnschienen, Kanonen, Armierungsdraht, Bürsten usw. Für Rad-und Fassbeschläge reicht dagegen pures Eisen. Schon die Römer haben Stahl in großen Mengen eingesetzt, für Waffen oder Nägel. Die japanischen Samurai setzten Stahl für ihre Schwerter ein.

Der Grund für den Bau der Hochbahn in der Schönhauser Allee war ein rein finanzieller. Für die "Unterpflasterbahn" (nichts anderes sind die meisten U-Bahnstrecken in Berlin) hätte man Unmengen an Erdreich (damals mit Pferdekarren) bewegen und aus der Stadt heraus schaffen müssen. Eine Hochbahn ist dagegen viel billiger.

Die erste Berliner Hochbahn aus Richtung Gleisdreieck ging nur deshalb kurz vor dem Wittenbergplatz in den Untergrund, weil die reichen Berliner Vororte Schöneberg und Charlottenburg das bezahlt haben. Die Strecke ab Potsdamer bis Senefelder Platz folgt alten Straßenzügen. Eine Hochbahn dort wäre teilweise höher gewesen, als die Bebauung durch die umgebenden Häuser jener Zeit. Wie gesagt, eine Hochbahn ist billiger zu bauen und auch billiger in den Folgejahren zur warten, als eine Unterpflasterbahn.[1]

*

Offensichtlich wenig sichtlich – 23
kleine Rätselrunde - am 2.5.2023

Liebe Leser, nicht immer recherchieren wir hier in dieser Zeitung sauber und manches scheint mit heißer Nadel gestrickt. Deshalb möchte ich in dieser Ausgabe einmal ein paar kurze Geschichtchen zum Besten geben und Sie als treue Leser einfach raten lassen, ob die so stimmen.

---

[1] ... es war von dem anderen Redakteur behauptet worden, die Hochbahn in der Schönhauser Allee sei nur deshalb als Hochbahn gebaut worden, weil man in dieser Zeit entdeckt habe, wie man Stahl produzieren kann. So ein Unfug!

Sicherlich wird Ihnen aufgefallen sein, dass nach Folge 22 plötzlich Folge 24 dieser Serie kommt. Der Grund ist ganz einfach! Die Folge 23 ist in meinem Giftschrank gelandet und wird erst eines Tages in einem meiner Bücher veröffentlicht.

Und da sind wir schon bei Veröffentlichungen. Wohl kaum jemand weiß, dass im Café an der Gneiststraße Ecke Pappelallee 1994 Bruce Springsteen und Wolfgang Niedecken ein kleines, öffentliches Konzert gegeben haben, das die Basis für das Video „Hungry Hearts" war.

Aprospos Hunger, auf dem „alten Schlachthof" wurden wegen des „Schlachtzwangesetzes" in Preußen von 1882 bis 1991 Tiere geschlachtet. Aber hieß dieses Areal überhaupt „Alter Schlachthof"?

Und wo sollte diese Einrichtung denn ursprünglich mal entstehen? Das war doch im Wedding, oder in Spandau, oder in Kötzschenbroda oder täusche ich mich?

War die Hochbahn, der „Magistratsschirm", wie in der letzten Ausgabe beschrieben, deshalb gebaut worden, weil etwa ab 1900 Stahl billig herzustellen war, oder war das eine „Ente"? Viele nennen die U-Bahn in unserer Stadt auch „Unterpflasterbahn" oder „nach Berliner Art".

Nach welchem Gesetz ist denn die Strecke in der Schönhauser Allee gebaut? Nach brandenburger Eisenbahn- oder nach preußischem Straßenbahngesetz?

Einige Leser haben nach der letzten Ausgabe auch vergeblich die Erweiterung des St. Marienfriedhofs gesucht und gar festgestellt, dass der Brauereibesitzer Bötzow gar nicht dort liegt, wo er liegen soll! Wo ist der denn hin?

Einige von Ihnen haben sicher auch noch die zweiachsigen kleinen und die vierachsigen Großraumwagen der Straßenbahn in Erinnerung, die so herrlich quitschten. Die Vierachser kamen aus Gotha und alle je gebauten Fahrzeuge samt Beiwagen landeten letztlich in Berlin. Aber woher kamen die Zweiachser? Die wurden ja auch als Gothaer bezeichnet. Aber kamen die tatsächlich da her oder waren es nicht vielmehr im S-Bahn-RAW Schöneweide modernisierte Vorkriegszüge der Baujahre 1924 und 1927 oder gar noch ältere?

Nochmal zur Pappelallee zurück. In der ehemaligen Musikschule, die damals in der einstigen Malzbierbrauerei untergebracht war, unterrichtete wer? Wolf Biermann? Bis zu seiner Ausbürgerung aus der DDR? Standen eigentlich jemals Pappeln in der Pappelallee?

Trieb sich Udo Lindenberg hin und wieder als Privatperson am Prenzlauer Berg herum? Wenn ja, wo war er denn da öfter anzutreffen? Im „Café Nord" an der Wichertstr. / Schönhauser Allee, in der „Bärensiegelbrauerei" Krüger- / Gudvanger Straße oder in der Kneipe „Zum Strohhut Emil" an der Greifswalder / Bernhard-Lichtenberg-Str.?

Und was ist überhaupt „Berliner Weiße"? Ein schützenswertes, regionales Kulturgut? Das erste Biermischgetränk der Welt? Oder kam die Berliner Weiße zusammen mit Coca-Cola 1929 aus den USA? Was machte man denn mit der überschüssigen Kohlensäure, die früher beim Brauprozess entstand? Und was ist der Unterschied zwischen Malzbier und Malztrunk?

Wurde in Berlin eigentlich mal darüber nachgedacht, eine Schwebebahn nach Wuppertaler Vorbild zu bauen? Was sind denn die Unterschiede zwischen den Systemen in Wuppertal und in Düsseldorf?

Ich werde das alles in den nächsten Ausgaben mal nach und nach aufklären.

*

Offensichtlich wenig sichtlich – 23 – Fassung 3[2]
Stedinger Weg - am 12.5.2023

Liebe Leser, nicht immer recherchieren wir hier in dieser Zeitung sauber und manches scheint mit heißer Nadel gestrickt, so wie in der letzten Ausgabe. Deshalb baue ich ab dieser Ausgabe künftig nun in jeder Folge dieser Reihe

---

2   Veröffentlicht wurde Fassung 4 – siehe Band 3

absichtlich einen oder zwei Fehler in MEINE Artikel mit ein, den oder die ich dann im nächsten Monat auflöse.

Woraus sich dieser Text hier überhaupt entwickelt hat, können Sie nachlesen, wenn ich diese Artikel mal komplett als Buch heraus bringe.

Über diesen zauberhaften, wunderbaren Kiez heute habe ich bereits ein paar mal geschrieben. Anwohner nennen ihn „Blumenviertel", weil es dort u.a. Namen wie Chrysanthemen- oder Oleanderstraße gibt. Er passt so gar nicht zur dichten Bebauung des inneren Bereichs einer europäischen Hauptstadt. Das liegt auch daran, dass vom Berliner Stadtzentrum aus Richtung Osten, bis zur Gründung von Groß-Berlin am 1. Oktober 1920 dies hier das „Berliner Weichbild" war und die Stadt unweit davon endete. Den Namen trägt der Stedinger Weg seit dem 27. Februar 1936 und hieß davor „Straße 41". Stedingen ist ein Landstrich in Niedersachsen. Dass die Straße ihren Namen bisher behielt liegt daran, dass die DDR den „Stedinger Krieg" 1233 – 1234 zum „Bauernkrieg" hochstilisierte. Der Stedinger Weg endet in der Sigridstraße. Diese hieß bis zum 23. März 1923 „Straße 21b". In Richtung Kniprodestraße zweigt nach etwa 50 m der Süderbrokweg vom Stedinger Weg in einem Winkel von etwa 60 Grad ab. Beide Straßen bilden an dieser Abzweigung einen gleichschenklig-dreieckigen Platz. Dieser entstand, weil einer alten Berliner Sage nach an eben dieser Stelle der damals noch pubertierende, spätere Wandalenkönig Geiserich im Jahr 397 mit seinen Mannen auf der Flucht vor den Hunnen in Richtung Andalusien hier für mehrere Nächte lagerte und von hier aus die umliegenden Festungen der Slavenfürsten plünderte.[3]

Süderbrook (die Schreibweise mit zwei „O" ist hier richtig) ist gleichfalls ein Ort in Niedersachsen, der mit dem „Stedinger Krieg" zusammenhängt. Auch diese Straße

---

3   ... das mit Geiserich war natürlich eine Lüge von mir

erhielt ihren Namen am 27. Februar 1936. Der Steengrafen-, Ochtum- und Altenerscher Weg ebenfalls, so dass dieser Teil des Blumenviertels eigentlich „Stedinger Krieg Kiez" heißen könnte.

Der Stedinger Weg wurde bisher sehr gern von Autofahrern als Schleichweg von der Kniprode- zur Oderbruchstraße, in beiden Richtungen, benutzt. Um so attraktiver wurde dieser, nachdem man die Asphaltdecke am Platz zum Süderbrokweg vor einigen Jahren erneuert hatte. Nicht nur „mal einzelne PKW" befuhren den Schleichweg in oft unangemessen hoher Geschwindigkeit, sondern es war ein Verkehr wie auf einer Hauptstraße, da von links in dem eigentlich verkehrsberuhigten Gebiet in Richtung Sigridstraße ja nichts kommen konnte. Seit Januar diesen Jahres ist damit Schluss, weil der Stedinger Weg ab Sigridstraße bis zum Süderbrokweg nun in diese Richtung Einbahnstraße ist. Da ist kein durchkommen in die Gegenrichtung. Um so mehr wird durch diesen Schleichweg nun in die entgegengesetzte Richtung, von der Oderbruch- zur Kniprodestraße „gebrettert". Es ist wohl nur noch eine Frage der Zeit, bis man durch Poller den durchgehenden Kraftfahrzeugverkehr, Radfahrer dürfen ja nach wie vor in beide Richtungen hier hindurch fahren, komplett diesen Schleichweg versperrt. Ungünstig ist diese Sperrung für Mopeds, sogenannte „Kleinkrafträder" die nur 45 km/h schaffen. Das links abbiegen von einer mehrspurigen Straße, wie z.B. der Storkower ist mit 45 km/h immer ein recht riskantes Wagnis.

Hervorgegangen sind diese drei Texte aus meinem Unmut über die schlechte Recherche der Kollegen in der Ausgabe April 2023, den ich der Redaktion wie folgt schilderte:

Ihr Lieben, wie ich bereits andeutete, sind in der Mai- Ausgabe unserer Zeitung mehrere grobe Fehler bei zwei Artikeln aufgetreten:

Seite 6 + 7 "Lebendiges Verwalterhaus"
Fehler:

- es sind zwischen Königs- und Prenzlauer Tor drei, statt zwei Friedhöfe
- die Bötzows liegen nicht nicht auf dem St. Marien- / St. Nikolai-Friedhof
- die Bötzows liegen statt dessen auf dem St. Georgen- / St. Parochialfriedhof
- der Friedhof an der Greifswalder Straße ist nicht Teil des St. Marien- / St. Nikolai-Friedhof
- der Friedhof an der Greifswalder Straße ist der St. Georgen- / St. Parochialfriedhof
- auf dem Friedhof direkt an der Torstraße gibt es, mit zwei Ausnahmen, seit über fünfzig Jahren keine Bestattungen mehr

Ungenauigkeiten:
In welcher Feierhalle steht die genannte Orgel? Ist die Orgel in der Halle auf dem Friedhof an der Torstraße? Dann ist die Info falsch, daß diese Halle noch für Beisetzungsfeiern genutzt wird! Ist die Orgel in der Halle an der Greifswalder Straße, dann steht sie nicht auf dem St. Marien- / St. Nikolai-Friedhof, sondern sie ist auf dem St. Georgen- / St. Parochialfriedhof!

Als wichtige Infos wurden vergessen:

- dass die Erweiterung des St. Marien- / St. Nikolai-Friedhofs hinter der ehemaligen Akzisemauer derzeit nur über den St. Georgen- / St. Nikolai-Friedhof möglich ist, egal ob man über die Straße Prenzlauer Berg oder die Greifswalder Straße kommt
- ein Teil der Erweiterung des St. Marien- / St. Nikolai-Friedhofs vor fünfzehn Jahren zum Leisepark wurde

- dass auf dem St. Georgen- / St. Nikolai-Friedhof auch Leute wie Zeune oder Pintsch ihre Familiengrabstätten haben
- dass Beisetzungen nicht mehr auf dem alten Teil, mit zwei Ausnahmen (siehe oben), sondern seit 1991 wieder nur noch auf der Erweiterung des St. Marien- / St. Nikolai-Friedhofs und auf dem St. Georgen- / St. Parochialfriedhof möglich sind
- dass auf dem alten Teil des St. Marien-/St. Nikolai-Friedhofs auch noch die Familengrabstätten u.a. von Spindler, Stargardt und Keibel sind
- dass es auf der Erweiterung ein Ingenieursmuseum gibt und dass auf der Erweiterung eine Skaterbahn (siehe mein Text im Januar) ist

Seite 8 – historisches Bild
Fehler:
- die U-Bahn wurde nicht als Hochbahn gebaut, weil Stahl plötzlich preiswert herzustellen war
- die Hochbahn wurde gebaut, weil sich eine Hochbahn billiger bauen und anschließend billiger warten lässt, als eine Unterpflasterbahn
- die Strecke Alexanderplatz bis Nordring ging bis 1913 in Betrieb und wurde 1924 bis Vinetastraße verlängert

Ungenauigkeiten:
Alfred Grenander hat die allermeisten U-Bahnhöfe, die vor dem II. Weltkrieg gebaut wurden, projektiert, also neben dem Kleinprofilnetz (U1 – U4) auch noch die U5 – Friedrichsfelde-Alex, die U6 – Seestr. - Tempelhof, die U 8 Gesundbrunnen – Hermannplatz, U 7 - Hallesches Tor – Hermannplatz, den Waisentunnel, den Straßenbahntunnel Unter den Linden und den Straßenbahntunnel von Stralau nach Treptow. Bei den Erweiterungen des Westberliner U-

Bahnnetzes nach dem Krieg hat man sich an Grenander orientiert. Auch das wurde vergessen und dass die Hochbahn "Magistratsschirm" im Volksmund heißt

*

am 29.10.2006 - **Humannplatz**

Irgend etwas wollte mich vom Schreiben abhalten? Was war es doch gleich? Diese lauschige Bank unter den alten Bäumen, an eben jenem Platz, über den ich heute berichten will. Gut, machen wir uns also gleich auf den Weg in das Viertel rund um den Humannplatz.

Karl Humann (1839 – 1896), Archäologe, war ab 1884 Direktor der „königlichen Museen zu Berlin". Nach ihm ist der, schon im Hobrechtschen Bebauungsplan angelegte Platz an der Ecke Wichert/Stahlheimer Str. benannt.

Bis in die 20-er Jahre des 20.Jahrhunderts hinein war ein gut Teil des Gebietes noch Brachfläche mit Kleingärten.

Die von der Greifswalder Str. bis zur Schönhauser Allee verlaufende Erich-Weinert-Str. ist zwischen Prenzlauer Allee und Stahlheimer Str. so in etwa die Grenzlinie zwischen der Bebauung vor und nach dem I.Weltkrieg.

Auf sehr interessanten Satellitenfotos (Google-Maps) kann man gut die Wohnblöcke mit ihren großzügigen Höfen einsehen. Man könnte dieses Stadtviertel fast dritteln. In der Gegend, zwischen Meyerheim Str. und Duncker Str. wurde 1998 die dort ansässige Postfiliale geschlossen.

Es gab Proteste von Bürgern und Humanistischer Bewegung dagegen. Das OKB-Fernsehen und die Prenzelberger Ansichten berichteten damals darüber! Insgesamt sind die Häuser zwischen Prenzlauer Allee, Stahlheimer Str. und E.-Weinert-Str. eine reine Wohnstadt mit relativ wenig Gewerberäumen.

Die Bebauung zwischen E.-Weinert und Wichert-Str. ist hingegen älter und dunkler. Eine Grundschule befindet sich hier noch.

Das Gebiet zwischen Stahlheimer Str. und Schönhauser Allee ist hingegen interessanter. Gehören eigentlich die „Schönhauser Allee Arcaden" noch dazu? Ich weiß es nicht. Als dieses Einkaufs-Center vor Jahren öffnete sagte man ein Verkehrschaos und ein Ladensterben in den angrenzenden Straßen voraus. Beides trat bislang nicht ein.

Geschlossen hatte einzig, für kurze Zeit, die Blues-Kneipe „Harlem", Scheerenberg- / Rodenbergstraße. Der Besitzer hat gewechselt. Welches Konzept der Laden nun verfolgt, ist unklar. Früher war das alte „Harlem" hingegen für Musiker immer ein sicherer Tipp zum Auftreten. Weitere Interessante Läden sind wieder entlang der E.-Weinert-Straße.

Da wäre zum Beispiel an der Ecke Greifenhagener Str. der „Bühnenrausch", in dem nettes, kleines, feines Theater gemacht wird. Auf derselben Ecke, direkt gegenüber der „Sonntagsclub". Ein schwul-lesbischer Treffpunkt für jung und alt. In einem Schlager von Cindy & Bert aus dem Jahre 1973 heißt es in der Titelzeile: „... immer wieder Sonntags – kommt die Erinnerung ...", daher der Name „Sonntagsclub". Was man nicht alles als Macher beim OKB-Hörfunk lernt?

Die knapp 100 m entfernte „Sonderbar", E-Weinert / Scheerenbergstr., ist ein gemeinnütziges Projekt. Psychisch angeknackste Menschen wie ich finden hier, nach geschlossener und offener Psychiatrie auch später noch Hilfe. Ein Sozialarbeiter und ein Psychologe sind, soweit ich noch weiß, erreichbar.

Aber die „Sonderbar" hilft einem dann meist schon, weil man überwiegend unter Gleichgesinnten sitzt, die einem zuhören und Verständnis entgegen bringen. Mehr Verständnis jedenfalls, als nicht Betroffene.

Damit sind wir wieder am Humannplatz angelangt. Mein Vater erzählte mir, dass sich auf diesem Platz im II.Weltkrieg ein Löschteich befand, der dann unmittelbar nach Kriegsende, als die normale Wasserversorgung Berlins zerstört war, den Anwohnern das Wasser zum Überleben lieferte. Erst als, in den letzten Kriegstagen „im Kampf um die Reichshauptstadt" Gefallene, als Leichen im Teich wieder auftauchten, ließ man davon ab. Auf der anderen Seite der Stahlheimer Str., dort, wo sich heute eine KiTa befindet, war bis ende der 40-er Jahre hinein regelmäßig ein Wochenmarkt. Die Straßenbahn aus der Pappelallee fuhr noch bis etwa Mitte der 60-er Jahre hinein ab Stahlheimer/Wichert Str. über Wichert Str., Gudvanger Str. und Krüger Str. direkt bis zur Prenzlauer Allee (Spitze). Die damalige Linie 70 zwischen Hohenschönhausen und „Am Kupfergraben" nahm erst relativ spät nach dem Krieg, so um 1948, den Betrieb wieder auf. Wohl weil man sie nicht als zu wichtig einstufte. Die Straßenbahnlinie, die heute über Pappelallee und Stahlheimer Str. verkehrt, die Tram 12, steht bereits wieder auf der „Abschussliste" der BVG ... angeblich wegen Fahrgastmangels.

Zum Abschluss noch drei Sätze zum Namen „Spitze". Dieser „Ort" an der Prenzlauer Allee und ... Promenade, Wisbyer, Ostsee Str. hat seinen Namen daher, dass hier einst die Stadtbezirke Weißensee, Pankow und Prenzlauer Berg aufeinander stießen. Im zwangsvereinigten Großbezirk ist dieser Name nur noch Alteingesessenen, wie ich immer zu meinen amerikanischen Freunden sage: „Native Berliner's", bekannt.

*

am 22.6.2013 Helmholtz – Juli 2013
„BVG-Sprinter" im Helmholtzkiez

Die Schönhauer Allee war um 1850/60 noch relativ locker bebaut. Man zählte damals nur drei Einwohner pro 100 m² – entlang der Schwedter Str. waren es zum Vergleich um diese Zeit schon 13,9 Einwohner pro 100 m².

Bereits 1875 wurde vom Schönhauser Tor bis nach Pankow eine Linie der „Großen Berliner Pferdebahn" eröffnet. Im Jahr 1880 wurde deren Verkehr versuchsweise auf Dampfbetrieb umgestellt, aber wegen der starken Rauchentwicklung bald wieder eingestellt und die Strecke ab 1895 elektrifiziert. Am 25 Juli 1913 wurde die 3,5 km lange U-Bahn vom Alexanderplatz bis Bf. Nordring (heute Bf. Schönhauer Allee) eröffnet und bis 1930 bis Pankow/Vinetastr. verlängert. Die Stahlkonstruktion der Hochbahnanlagen wurden nach Plänen von Alfred Gremander und Johannes Bousset gebaut.

In der Dunckerstr. 64 ist auf einem schmalen Restgrundstück entlang der Ringbahn eine 1913/14 nach Plänen von Ludwig Hoffmann errichtete ursprüngliche reine Mädchenschule, in die die ehemalige Mädchenschule aus der Christburger Straße und die ehemals „Höhere Webschule" am Warschauer Platz einzog.

Auf der anderen Seite der Ringbahn steht auf dem Grundstück entlang der Bahntrasse in der Dunckerstr. 65/66 gleichfalls ein Bau von Ludwig Hoffmann. Diese ehemalige „Gemeindeschule für Knaben" wurde bereits 1899/1900 gebaut. Interessant ist das einstige Rektorenhaus in der Straßenfront, an das sich einst eine „Städtische Vorlesehalle" an schloss. Diese „Vorlesehallen" hatten um 1900 herum eine große Bedeutung in den bevölkerungs-reichen Stadtteilen. Sie wurden durch-schnittlich von jährlich 121.000 Personen besucht, die hier „ihre Bildung zu vervollständigen strebten".

Eine Ecke weiter, im sogenannten „Bullenwinkel", so genannt, weil dort hin wohl immer wieder mal das eine oder andere Hausrind der vielen kleinen Hinterhofmolkereien flüchtete und dort dann in der Sackgasse im wahrsten Sinne war, in der Lychener Straße direkt an der Ringbahn, steht die nächste Schule, die nach Plänen von Ludwig Hoffmann errichtet wurde, Die „Gemeindedoppelschule" (ein Aufgang für Jungs, einer für Mädchen) in der Lychener Str. 97/98 wurde 1905 gebaut. Von dem dreiflügeligen Schulbau sind im Krieg weite Teile zerstört worden und heute nur noch der Nordflügel erhalten.

In der Pappelallee neben der einstigen „Wäschefabrik Jacobowitz" ist man derzeit dabei, eine der letzten

Kriegslücken zu schließen. Das daneben liegende letzte ursprüngliche Haus im gesamten Kiez saniert man gerade. Die ehemalige Wäschefabrik selbst, in der Pappelallee 78/79 hat eine sehr wechselvolle auch jüngere Geschichte. 1910 errichtet, beherbergte das Gebäude nach dem Zweiten Weltkrieg u.a. ein Kino. Später produzierte dort „VEB Metallmöbel". Nach 1990 war das Haus eine Zeitlang Sitz des Finanzamtes Prenzlauer Berg. Derzeit residiert darin u.a. der Suhrkamp Verlag mit seinen Ablegern. Am 27. Mai 2013 stellte der Suhrkamp Verlag beim Amtsgericht Berlin-Charlottenburg einen Antrag auf Einleitung eines Insolvenzverfahrens nach § 270b der Insolvenzordnung (Schutzschirmverfahren). Grund ist das Urteil vom März 2013, nach dem der Gewinn aus dem Jahr 2010 wegen fehlerhafter Beschlussfassung der Geschäftsführung nicht im Verlag verbleiben kann, sondern anteilig an den Gesellschafter Barlach auszuzahlen ist.

… Ja, ja, die guten Erbstreitigkeiten …

Sorgen bereitet im Kiez die Gethsemanekirche. Sie wurde 1891/93 nach Plänen von August Orth auf „einem quadratischen Platz an der Kreuzung Stargarder Straße mit der Greifenhagener Straße erbaut", so das Buch „Bau- und Kunstdenkmale in der DDR – Hauptstadt Berlin – I" erschienen im Henschelverlag 1984.

Das Grundstück war eine Schenkung der Witwe Griebenow. Nach der Aufhebung des Feudalen Rechts auf Grund und Boden Anno 1823 nutzte Wilhelm Griebenow als einer der ersten die Möglichkeit zum Landkauf. So erwarb er das kurz vor der Zwangsversteigerung stehende Königliche Vorwerk am Schönhauser Tor mit seinen ausgedehnten Ländereien, die er wenig später parzellierte und gewinnbringend weiterveräußerte. Er legte die Choriner Straße, die Kastanienallee und deren Fortsetzung, die Pappelallee, an. Die Schenkung der Witwe Griebenow wurde zunächst kirchlicher Seits abgelehnt, weil der Bauplatz damals noch in einer abgelegenen und sonst kaum bebauten Gegend lag.

Gebaut wird im Kiez seit dem 19.Juni und noch bis mitte September an der Brücke Pappelallee / Stahlheimer Straße. Die Straßenbahnlinie 12 ist deshalb unterbrochen. Die Busse, die die BVG dort als Ersatzverkehr einsetzt sind Typen der Baureihe „Evo Bus Sprinter City 35", die die Berliner Taxi-Innung für die BVG betreibt. Man erkennt diese Mini-Busse auf Anhieb erst einmal nicht, denn sie sind klein, haben nur 12 + 1 Sitzplätze, eignen sich aber perfekt für die relativ engen Straßen rund um den Helmholtzplatz. Diese Busse sind etwa nur so groß, wie die „Wanne" der Berliner Polizei.

*

ALG-II-Text - am 15./16./17./18./19.4.08

„Mama, ist das schwarze Tier schon lange tot, das der Tante da um den Hals bammelt?", so die Frage einer etwa sechsjährigen, als ich mich das letzte mal im „Wartebereich" des Jobcenters mit ... warten ... beschäftigte. Alle Vorurteile über das Jobcenter stimmen, was die Arbeit des Jobcenters angeht. Ich dachte immer das seien alles nur bösartige Gerüchte, gestreut von bösartigen Menschen aus den Gewerkschaften und Bürgerforen, aber, nein, sie stimmen wirklich! Meine Unterlagen waren „plötzlich" mal verschwunden, ich wurde im Wartebereich der Leistungsabteilung, von „unten" hoch geschickt, „oben" einfach mal knapp sechs Stunden lang vergessen, mir wurde gesagt: „Bewerben sie sich mal richtig!" ... wusste gar nicht, dass das geht ... „Ich brauche mindestens 25 Bewerbungsnachweise pro Monat von ihnen!", ich wurde nicht aufgeklärt darüber, welche Rechte, welche Gelder, ich vom Jobcenter noch einfordern kann....

Alle Vorurteile über die Hartz-IV-Empfänger stimmen jedoch nicht! Genau die Menschen, die man dort vermutet, die „arbeitsfaulen", „asozialen Elemente", die man uns in den Medien immer so leichthin in der sechsten Wiederholung von „Vera" vorführt, findet man im Jobcenter

33

nicht, weil genau diese Menschen schon lange aufgegeben und sich dem „Aufgeber-Sieben-Gänge-Menü" (ein Sixpack und 'ne Flasche Wermut) ergeben haben. Im Jobcenter findet man heute die gefallene sogenannte „Mittelschicht", Arbeitslose Akademiker, Leute mit zwei bis drei unterbezahlten Jobs, die obendrein noch ALG-II bekommen müssen, unvermittelbare Alleinerziehende, knackige 30-jährige, die für ihren erlernten Job schon zu alt sind usw. Da lernt man richtig was fürs Leben, bei den Mitwartenden. Zum Beispiel, dass es preiswerter ist, sein Brot selber zu backen, seine Mahlzeiten frisch zu kochen, als es fertig und teuer zu kaufen.

Pervers ist doch, dass es heute schon Schulen gibt, die ihre Kinder nicht auf das Berufsleben sondern auf das Leben mit Hartz-IV vorbereiten, wie uns ein Fernsehbericht auf 3-Sat vom 14.4.08 vermittelte.

Gesagt wird in den regelmäßigen Einzelgesprächen auch nicht, welche Qualität die vermittelten Jobs haben. Da wird leichthin mal eben 4,50 € / h Brutto gezahlt, und die deutschen Chefs hatten noch nie Führungsqualitäten. Die Luxemburger lachen uns aus, mit ihrem Mindestlohn der dort allein schon für Ungelernte bei 1600 Euro/Monat liegt.

Den deutschen Arbeitnehmern wird schon seit der Aufhebung der Leibeigenschaft (in Preußen 1810, in Österreich 1848) eingeredet, dass ihre Arbeit viel zu teuer ist. Man verfolge allein einmal die Presse aus den „goldenen 20er Jahren".

Heute werden medial regelrechte Hetzjagten gegen ALG-II-Empfänger durchgeführt. „Was immer auch geschieht, nie sollt ihr so tief sinken, von dem Kakao, durch den man euch zieht - auch noch zu trinken!"

Natürlich fühlt man sich dann mies, wenn man zu dieser Gruppe dazu gehört. Aber erhöhter Druck auf die Arbeitslosen schafft noch lange keine Arbeitsplätze. Er schafft höchstens mehr depressive Menschen. Und „Ehrenamt" wird in unserer Gesellschaft noch immer nicht anerkannt, ... also vom Jobcenter nicht ... selbst wenn man die Urkunde, den „Berliner Freiwilligen Pass", überreicht vom Regierenden persönlich, mit ins Jobcenter schleppt. „Ist ja ganz schön, was sie da alles machen, aber sie wissen doch, wenn sie nicht bald eine richtige Arbeit finden, sind sie von Altersarmut bedroht!", wurde mir bei meinem letzten Gespräch angekündigt. Tja, das bin ich sicherlich auch so. War halt'n Fehler vom unantastbaren Bundeskanzler Adenauer, die von Bismarck einst eingeführte und erdachte Rente hierzulande komplett umzukrempeln.

„Deutschlands Schicksal: Vor dem Schalter zu stehen. Deutschlands Ideal: Hinter dem Schalter zu sitzen."

Ich kann mir nicht helfen, aber die Hatz auf ALG-II-Empfänger sieht mir sehr wie ein Ablenkungsmanöver von den wirklichen Problemen aus. 1933 wurden aus den selben Gründen Juden gejagt! Nur viele sind sich dessen nicht bewusst!

Landowski frei rumlaufen lassen = okey!

BVG-er für mehr Lohn streiken lassen = nicht okey

Durch BND die Bürger in der Bundesrepublik selbst in ihren Wohnungen bespitzeln lassen = okey!

Sich der Bespitzelung durchs Jobcenter widersetzen = nicht okey!

Als Banker Millionen an den Börsen verzocken = okay!

Dem Jobcenter die einmalige Betriebskostenrückzahlung der Wohnung von 20 € verschweigen = nicht okay!

Als Manager Millionen fürs Nichtstun verdienen = okay!

ALG-II kassieren = nicht okay!

„Nichts ist schwieriger und nichts erfordert mehr Charakter, als sich im offenen Gegensatz zu seiner Zeit zu befinden und laut zu sagen: Nein!"

Wie wäre es denn mal mit Jobsharing? Jeder Lobbyist verteilt seinen 2., 3., 4. Job an einen ALG-II-Empfänger! Wir hätten keine Sorgen mehr und brauchten das Konstrukt Jobcenter nicht mehr.

Was ist das überhaupt für ein Begriff „Jobcenter"? Die haben doch nüscht. Und dabei wurde Mangelwirtschaft immer der DDR zugeschrieben.

Jobcenter = Arbeitszentrum ... hö-hö

Das ist, als ob Ihr Gemüseladen nie Gemüse hat, sie aber von dem zum Bäcker, zum Floristen und Schuster geschickt werden mit den Worten: „Fragen sie mal da nach, ob die Gemüse haben!" Das Problem ist, dass sie von Staatswegen gezwungen werden, regelmäßig in ihren Gemüseladen zu gehen, obwohl sie wissen, dass der nie Gemüse hat! Da hilft dann nur noch eines: Gemüse selber ziehen!

Alles Zitate hier von Kurt Tucholsky, wie auch die weiteren:

„Mensch: ein Lebewesen, das klopft, schlechte Musik macht und seinen Hund bellen lässt. Manchmal gibt er auch Ruhe, aber dann ist er tot."

„Kaufen, was einem die Kartelle vorwerfen; lesen, was einem die Zensoren erlauben; glauben, was einem die Kirche und Partei gebieten. Beinkleider werden zur Zeit mittelweit getragen. Freiheit gar nicht."

„Eine Regierung ist nicht der Ausdruck des Volkswillens, sondern der Ausdruck dessen, was ein Volk erträgt."

*

ALG-II-Text-Version II ◊ sollte in PA für Mai 08, ist aber nicht erschienen! - am 15./16./17./18./19./23.4. / für die Leseversion[4] aufgepeppt am 14.5.08

Das JobCenter ist ein Ort innerer Freude. Schon im hellen Eingangsbereich lungert eine Horde Wachschützer herum, die froh sind, überhaupt einen Job, nämlich ihren, ergattert zu haben und die gern jedem Besucher mit freundlichen Auskünften beistehen. „Der Fahrstuhl ist da!"

---

4 ... auf Kleinkunstbühnen

Was ist das überhaupt für ein Begriff „Jobcenter"? Die haben doch nüscht. Und dabei wurde Mangelwirtschaft immer der DDR zugeschrieben.

Jobcenter = Arbeitszentrum ... hö-hö

Das ist, als ob Ihr Gemüseladen nie Gemüse hat, sie aber von dem zum Bäcker, zum Floristen und Schuster geschickt werden mit den Worten: „Fragen sie mal da nach, ob die Gemüse haben!" Das Problem ist, dass sie von staatswegen gezwungen werden, regelmäßig in ihren Gemüseladen zu gehen, obwohl sie wissen, dass der nie Gemüse hat! ... Da hilft dann nur noch eines: Gemüse selber ziehen!

Wenn man zum ersten mal ins Jobcenter darf, hat man im Eingangsbereich schon die Wahl zwischen zwei Möglichkeiten, anderenfalls, wenn man terminiert in eine der oberen Etagen eingeladen ist, nimmt man „... den Fahrstuhl da!" und gleitet mühelos nach oben.

Im Falle der Nichtterminisierung hat man Möglichkeit 1, die Schlange rechts. Schlange rechts heißt: gleich zum Schalter. Vielleicht hat man ja nur was abzugeben (oder trauen Sie noch der Post oder gar der PIN-AG?). Dort wird man relativ zügig abgefertigt ... also abgefertigt ... wie gesagt.

Möglichkeit 2 ist eine Denksportaufgabe für Sie. In welchen Eingangsbereich möchten Sie denn? Gelb? Rot? Blau? Andere? ... Gibts noch andere? Sind Sie nun in einem dieser „Eingangsbereiche" angelangt, nehmen wir mal an, Sie sind Gelb ... im Jahr der Olympiade in Peking nehmen wir halt Gelb, werden auch Sie Sich in eine weitere Schlange einreihen.

Bevor Sie im Wartebereich Gelb warten, müssen Sie erst einmal vor dem Wartebereich Gelb auf einen freien Platz im Wartebereich Gelb warten! Hier lächeln Sie Betonwände mit irgendeinem undefinierbaren Überzug (ist es gar Tapete?) in schalem Grau freudlos an. Die Luft steht in diesem langen Korridor. High-Heels klappern durch den Dunst. Türen knarren und werden zugeschlagen. Kinder quengeln! „Mama, ist das schwarze Tier schon lange tot, das der Tante da um den Hals bammelt?"

Schwangere schieben ihre Kugeln auf und ab.

Kleinkinder in Buggy's bekommen Kinderberuhigungstee damit sie nicht quengeln. Zum spielen ist nirgends Platz.

„Abgefertigte" sogenannte „Kunden" drängeln sich an der Schlange im viel zu engen Flur nach draußen. Im Sommer kommen in dem unklimatisierten Gebäude zu Gerüchen nach Moschus, Iltis und Knoblauch auch noch Körperausdünstungen von Menschen dazu, die der Meinung sind, sie schwebten mit auf der Öko-Welle, nur weil sie den Bakterien in ihrem Scham- und Achselbereich paradiesische Zustände bereiten, indem sie auf den Einsatz von Wasser und Seife an ihrem Körper verzichten.

An besonders heißen Tagen werden Schwangere und Frauen mit Kindern bevorzugt abgefertigt und schon aus der Warteschlange vor dem Wartebereich von freundlichen Mitarbeitern heraus gewunken und bedient. Manch Mann fragt sich dann, wo da die Gleichberechtigung bleibt. Irgendwann ist man schließlich im Wartebereich angelangt und darf sich auf einen Metallstuhl in freundlichem Grau setzen. Hilfreich ist es, sich zu merken, wer vorher in der Warteschlange vor einem stand, denn nach dieser Person ist man selbst dran. Im Gegensatz zum Bürgeramt, auf dem man eine Nummer zieht, auch bei der BfA zieht man Nummern, geht es hier nach dem Prinzip „Der Nächste bitte!"

Auch der Wartebereich ist wieder in freundlichen Grauabstufungen gehalten.

Pflanzen findet man überhaupt nicht, würden sie doch nur den allgemein vorherrschenden Grauton stören. Das Fenster, durch dessen schmutzig-GRAUE Scheiben nur noch wenig Tageslicht herein fällt, wird selten geöffnet.

Gleich an diesen Wartebereich schließen sich, im selben Raum, nur durch halbhohe, Glaswände getrennt und durch einen schmalen Gang verbunden, die ersten fünf

Bearbeitungsplätze an. Wenn gerade keine Kinder quengeln oder Peter nicht gerade Tina im Wartebereich verbal angräbt, kann man vieles, was in den Bearbeitungs- „Kabinen" beredet wird, aufschnappen.

Dabei lernt man, was die eigenen Rechte gegenüber dem Jobcenter betrifft, mehr, als durch die Informationspolitik des Jobcenters selbst.

Neben diesen fünf Bearbeitungsplätzen gibt es noch weitere, den (Warte-)Korridor entlang. Freundliche, mausgraue Mitarbeiter rufen von dort „der Nächste bitte!"

Irgendwann ist auch für einen selbst der Zeitpunkt gekommen, an dem man von der fröhlichen Runde der Wartenden Abschied nehmen muss, weil man „der Nächste" ist, und Tina wird ihren Peter wohl nie wieder sehen. Nun hat man einen Mitarbeiter des Jobcenters für die nächsten Minuten ganz für sich allein. Anträge werden ausgepackt, Kopien der Kopien werden über Tische geschoben.

„Damit kommen sie aber reichlich spät.", hört man oder „Diese Unterlagen haben wir ja überhaupt noch nicht!" „Klar, die hatte ich ihnen doch letztens schon gegeben!" „Na warten sie mal, ... tja, eines von den fünf Blättern ist ja da ..." oder „Sind sie sicher, dass sie da noch wohnen?" Die Mitarbeiter des Jobcenters, die an dieser Stelle mit Ihnen in Kontakt haben, haben einfach alles! Die haben Kopierer, die haben Einsicht in ihre Akten, die haben für Ihre Situation volles Verständnis, ... nur eines haben die nicht: Arbeit für Sie!

Nunja, irgendwann ist man also auch da durch. Aber, seien Sie vorsichtig, wenn man Sie von dort aus direkt in die Leistungsabteilung im selben Haus, nur vierter Stock, schickt! Da sind nicht nur Unterlagen, sondern auch schon ganze Menschen verschütt' gegangen, wie der mit dem staubigen Anzug, der einem vor dem Getränkeautomaten im Keller um einen Euro anbettelt, weil er die vierte Etage nicht mehr findet.

Neulich traf in der vierten Etage, im Wartebereich der Leistungsabteilung doch glatt einen Jüngling, abgemagert, mit großem Rauschebart.

„Seit wann warten sie denn schon?", fragte ich. „Weiß nicht, muss aber schon länger sein.", sagte er, entstaubte seinen roten Mantel mit den weißen Absätzen an den Kanten, nestelte an der Öffnung des großen Sackes zwischen seinen Füßen herum und wedelte mit seiner Rute.

„Na denn ... wünsche ich noch ein gesundes ....", sagte ich zu ihm.

*

Alte Geschichten rund um den Helmholtzplatz
am 25.12.08

Ich möchte einige kleine Wissenshäppchen (nach einem doch recht gehaltvollen Weihnachtsfest sind „Häppchen" doch was Wunderbares) an Sie weiterreichen. Bekommen habe ich sie von Ureinwohnern wie z.B. meinem Vater oder auch aus dem Prenzlauer Berg Museum in der Mühlhauser Straße.

In unseren heutigen Zeiten werden Mythen kaum noch weiter erzählt. Wovon einst Generationen zehrten, kurze Meldungen aus der Umgebung („... da wurde der Frau Else mal'ne Handtasche geklaut ...", „...der olle Schinkenpaule hatte nur ein Bein ..." oder „... da drüben wohnte mal eine Frau Müller, die ihren Mann immer verprügelte, wenn der sternhagelvoll aus der Kneipe kam ...") haben heute die Halbwertzeit eines Klicks im Internet. Das ist ja garnicht mal schlecht, aber vieles gerät dadurch viel zu schnell in Vergessenheit.

Sieht man fünfzig, siebzig, einhundert Jahre alte Photos, so erkennt man, aus heutiger Sicht, ein „Paradies" für Autofahrer! Freie Parkplätze, selten Autos, dafür Handkarren, Fuhrwerke von Jäulen jezoren, Fußgänger auf den Fahrbahnen, Mütter mit ihrer Kinderschar, „Perlen" (Dienstmägde) bei ihren Einkäufen, Laufburschen (die z. B.

den gut betuchten Leuten ihre Einkäufe nach hause brachten) und, wie seit eh und je, Bauarbeiten.

Vier Kinos gab es nach dem Krieg noch im Kiez rund um den Helmholtzplatz. Die „Libelle" in der Pappelallee 78 / 79, dort in einem Teil der Räume, in denen sich jetzt das Finanzamt befindet. Es war ein „schmales Handtuch", längs zur Pappelallee gelegen. Die „Helmholtz Lichtspiele" waren dort, wo jetzt der Edeka ist, in der Raumerstr. zwischen Schliemannstr und Dunckerstraße. Ein weiteres Kino gab es wohl in der Greifenhagener Straße. Das Kino Colloseum war einst ein Pferdebahndepot, aber schon in den 20ern ein Lichtspieltheater, dann nach dem Krieg vorübergehende Spielstätte des Metropoltheaters, dann DAS Urauf-führungskino in der DDR, bis das Kino „International" und das „Kosmos" erbaut waren und diese Rolle übernahmen (das „International" in Mitte ist noch immer gelegentlich Premierenkino und war zu DDR-Zeiten das erste und lange Zeit einzige Kino mit Stereo-Sound, das „Kosmos" aus Friedrichshain ist indes schon vor einigen Jahren geschlossen worden.) und schließlich nach dem Umbau in den 1990ern, bei dem leider nicht viel mehr, als die äußere Fassade erhalten blieb, nun nur noch eines der üblichen Programmkinos.

Eine weitere Anekdote an dieser Stelle. Die Einwohnerzahl des Prenzlauer Berg schwankte im Lauf der Jahrzehnte enorm. Noch vor einhundertfünfzig Jahren lebten im gesamten Gebiet keine fünfzig Personen. Nach dem (2. Welt-) Krieg waren es dann mal kurzzeitig ca. 340.000, im Jahre 1997 angeblich 251.661, derzeit rechnet man wohl mit ca. 140.000 Menschen.

Der Hügel auf dem Helmholtzplatz ist der Rest einer alten Ziegelei. Sie wurde 1872 von einer holländischen Firma, der „Deutsch – Holländischer Aktien Bauverein" an dieser Stelle errichtet und stellte alles her, was für den Bau der Mietskasernen im künftigen Kiez notwendig war: Fenster,

Rohre, Ziegel, Balken, Dachkonstruktionen usw. Woher die Unmengen an Material kamen, die dann im 1.Teil der Bebauung der Gegend von 1873 – 1875 benötigt wurden, ist unklar. Anzunehmen ist, dass das meiste mit der Eisenbahn bis zum, damals schon existierenden Güterbahnhof am „Ringbahnhof Weißensee" (heute Bf. Greifswalder Straße) und von dort mit Pferdefuhrwerken weiter transportiert wurde. Noch heute werden am Bf. Greifswalder Straße Baumaterialien von der Schiene auf die Straße verladen. Der erste Bauboom endete 1875 recht plötzlich durch den ersten, großen internationalen Börsenkrach (Lt. Karl Marx ein Sinnbild für die „Allgemeine und Zyklische Krise des Kapitalismus"). Danach wurde „ruhiger" gebaut. In den 80er Jahren des 19.Jh. kam es dann zur weltweit ersten militärischen Sprengung für zivile Zwecke. Unter der Leitung von Generalfeldmarschall Moltke wurde der Schornstein der Ziegelei auf dem Helmholtzplatz gesprengt. Nach 1895 standen noch Ruinen von der Ziegelei, deren weitere Sprenung und Abtragung zu teuer gewesen wäre. So schüttete man die Reste mit Gartenerde, „Mutterboden", zu.

Eine Einmaligkeit lässt sich für den 1.September 1894 berichten. Agnes Wabnitz, eine Arbeiterführerin, die sich damals für mehr Menschenrechte, angenehmere Wohnverhältnisse, bessere Entlohnung und Arbeit eingesetzt hatte, wurde an jenem Tag auf dem Friedhof in der Pappelallee/Lychener Straße beigesetzt. Die damaligen Chronisten schreiben von etwa 60.000 (sechzigtausend!) Teilnehmern an der Trauerprozession und berichten süffisant darüber, dass am Grab von Agnes Wabnitz 630 Trauerkränze, achtzig mehr, als bei der Beisetzung Kaiser Wilhelm I.
> Wilhelm I. (* 22. März 1797 als Wilhelm Friedrich Ludwig in Berlin; † 9. März 1888 ebenda) war seit 1858 Regent und seit 1861 König von Preußen sowie ab 1871 Deutscher Kaiser < abgelegt wurden.

Es gab am Prenzlauer Berg auch einen „Hungerturm".
Nicht, um „Verbrecher" mit Hunger zu foltern (was damals
durchaus noch üblich war), sondern weil die Bewohner,
arme Städter, die in diesem Gebäude wohnten, so bettelarm
waren, dass sie hungerten.
Die letzte Holländermühle am Prenzlauer Berg brannte 1876
ab. Ihr Kern blieb stehen.
Darin kamen mittellose Menschen unter. Der Turm am S-Bf.
Prenzlauer Allee soll daran erinnern.
Und noch eine Anekdote will ich kurz erwähnen. Die
Lychener Straße galt nach dem II.Weltkrieg als „ganz
schlechte" Gegend, in der wirklich nur „herunter
gekommene Gestalten hausten".
Aus Gründen, die meine Quelle nicht weiß, hieß die
Sackgasse der Lychener Straße zwischen Stargarder Straße
und Ringbahn damals noch „Bullenwinkel".

*

am 20.8.2007 - **Bibliothekensterben**
In naher Zukunft (vermutlich Ende des Jahres) sollen fünf
der bisher neun Bibliotheken in Pankow/Prenzlauer Berg
schließen, darunter auch die in der Esmarchstr. Der weitere
Sparkurs sieht wie folgt aus: Abbau von Fachpersonal, dafür
Einstellung von MAE-Kräften (1-Euro-Jobber).
Einführung des sogenannten „Standing-Order-Systems" –
heißt: alle Bibliotheken haben das gleiche Angebot an
Büchern und Tonträgern, „überzählige" Bücher, durch die
Bibliotheksschließung angehäuft, werden „entsorgt",
minimalstes Budget für Neuerwerbungen.
Und schon jetzt findet man im sogenannten „Bulletin", den
Auskunfts-PC's der Büchereien, statt konstruktiver
Anregungen nur noch überwiegend rechte Parolen.
*
Bötzow März 2013 – am 15.1.2013
Nähert man sich dem Bötzowviertel aus Richtung Westen,
vom Alexanderplatz aus, fällt einem rechter Hand eine

Kirche ins Auge. Weil hinter der Kirche die Georgenkirchstraße und ihr gegenüber an der Ecke Greifswalder Str. / Prenzlauer Berg der Georgen-, Parochialfriedhof ist, sollte man meinen, dass auch das Kirchgebäude so heißt. Aber nein, es handelt sich dabei im die Bartholomäuskirche!

Die Georgenkirche stand einst in etwa dort, wo heute die östliche Einfahrt zum Autotunnel am Alexanderplatz ist.

*

am 18.3.2013 *ohne Überschrift*

Die Greifswalder Straße war die mittlere von drei vom Georgentor, an der Georgenkirche am Alexanderplatz ausgehenden Straßen. Nach Links ging es nach Prenzlau, nach rechts nach Landsberg. Nach Anlage der Königstadt im Bereich des Georgentores im 18. und 19. Jahrhundert hieß diese Straße innerhalb der Akzisemauer „Bernauische Straße", außerhalb davon „Straße nach Bernau" „...nach Werneuchen" oder „....nach Weißensee".

Der Name „Greifswalder Straße" ist erst seit 1868 gebräuchlich. Das „Bernauische Tor" in der Akzisemauer wurde 1809 in „Königstor" umbenannt. Hintergrund war, dass auf dieser Straße im Jahre 1701 der erste preußische König, Friedrich I, aus Königsberg kommend, wo er sich gekrönt hatte, nach Berlin einmarschierte. Die Greifswalder Straße ist heute Teil der B 2 und reichte als ehemalige Reichsstraße 2 bis Königsberg. In die andere Richtung geht es über „Unter den Linden", Potsdam, Leipzig und München hinaus bis Gartz. 1800/03 wurde sie befestigt und zur Chaussee ausgebaut. Beidseitig bepflanzt wies sie schon der „Oesfeldsche Plan" von 1778 aus. Carl Ludwig von Oesfeld (* 4. März 1741; † 4. November 1804) war Königlich Preußischer Geheimer Rat und ein deutscher Kartograph. Eine Karte von ihm aus dem Jahre 1779 findet man im Internet.

Von der allerersten ab 1814 einsetzenden Bebauung, haben sich bis heute die Hausnummern 15/19 + 200 erhalten, wobei letzteres schon durch seine geringe Höhe mit nur zwei Etagen auffällt.

Direkt neben dem „Haus der Demokratie" in der Greifswalder Str. 4, wurde in Nr. 5 1910 eine Wäschefabrik eröffnet. Zu DDR-Zeiten war dort „VEB Modische Herrenanzüge". An die ehemalige Textilindustrie erinnert heute nur noch der Laden mit Berufsbekleidung.

Überhaupt war die Greifswalder Straße immer etwas schmucker und ansehnlicher, die Häuser waren, zumindest nach vorn hin, gestrichen und es gab wesentlich mehr kleine Läden, als anderswo. Damals war die Greifswalder Straße „Protokollstrecke". Morgens und abends „schwebte" auf ihr die Partei- und Staatsführung der DDR von Wandlitz in Richtung Berliner Innenstadt.

Die Ampeln wurden deshalb morgens und abends durch Polizisten von Hand bedient, was zur Folge hatte, dass der kreuzende Verkehr manchmal bis zu einer dreiviertel Stunde nicht durchgelassen wurde. Auch ein links abbiegen von der Greifswalder Straße aus war wegen der Protokollstrecke nirgends (!!!) möglich. Die aufgehübschten Fassaden endeten übrigens abrupt dort, von wo aus man sie in der Greifswalder Straße aus nicht mehr einsehen konnte. Potemkinsche Dörfer halt.

Die Häuser 9/12 wurden 1879 von Maurermeister W.Koch erbaut, die Wohnhäuser in Nr. 15/19 bereits 1863.

Der katholische „St. Katharinenstift" ist durch einen Zugang in der Greifswalder Straße 18 zu erreichen. Die mit Klinkern abgesetzten Putzbauten des Stifts entstanden 1892/1902 nach Plänen von August Menken, die Kirche wurde 1896 errichtet. Wer den Hof des Stifts betritt, staunt erst einmal über die Größe des Areals. Als „gläubiger" Atheist hatte ich bis zu dieser Vor-Ort-Rechere hier niemals Veranlassung, das Gelände des „St. Katharinenstifts" zu betreten und so war meine Verwunderung echt! Ein

Parkplatz für Anlieger, ein Spielplatz, eine kleine Park ähnliche Anlage, umgeben von Kleingewerbe, einschließlich eines Cafés, sind in diesem großen Innenhof. Ein mir bislang vollkommen unbekannter Stadtteil.

Die Schule in der Greifswalder Str. 25 wurde 1913/14 nach Plänen von Ludwig Hoffmann als „Königstädtisches Oberlyzeum" gebaut. Während der DDR befand sich darin die „Albert Lau Oberschule" und eine Betriebsberufsschule, die den „Wirtschaftskaufmann" (als solcher habe ich diese Schule in meiner Lehre selbst besucht), „Lageristen" und „Einzelhandelskaufmann" ausbildeten. Heute ist darin die „Kurt-Schwitters-Oberschule" mit Schwerpunkt deutsch-portugiesisch.

Meine Lehrzeit erinnert mich auch an die Dauerläufe im Sportunterricht, die uns über die Käthe-Niederkirchner-Straße und „Am Friedrichshain" bis in den Park selbst führten und die dann immer etwas erhoben am „Ehrenmal für den gemeinsamen Kampf der polnischen Soldaten und deutschen Antifaschisten" endete.

Auf der Stehle findet man einzig hier ein noch nicht abgerissenes oder zerstörtes DDR-Emblem, auf der anderen Seite das des polnischen Staates. Der Schriftzug ist in deutsch und polnisch, das bronzene Teil soll ein Fahnentuch darstellen. Ältere Publikationen geben für dieses Denkmal als Adresse „Am Friedrichshain / Virchowstraße" an. Auf abwechslungsreichem Weg erreicht man über diese Abkürzung als Fußgänger oder Radfahrer sehr schnell die erst 1981 eingerichtete Straßenbahnwendeschleife in der Langenbeckstraße und die Richard-Sorge-Straße.

*

am 11.2.2013 *ohne Überschrift*
Über eine kleine Merkwürdigkeit möchte ich aus der Käthe-Niederkirchner-Straße berichten. Die Nummer 10 ist ein noch nicht saniertes Haus. Es fällt auf, dass rechts oben in der dritten und vierten Etage auf einem Drittel der

Hausbreite die Wohnungen fehlen. Es sieht aus, als wäre an dieser Stelle im II.Weltkrieg eine Bombe ins Haus gekracht, jedoch nicht explodiert und man habe dann einfach nur die zerstörten Wohnungen abgerissen und dann diese Wunde am Haus nur schnell und provisorisch wieder vermauert.

Genau so muss man sich viele Häuser nach dem Krieg in Berlin vorstellen. Da, wo Bomben nicht explodiert waren, wurden Etagen- oder Hausteile einfach nur abgetragen und Löcher in den Wänden nur mit dem, was man noch an Steinen in den Trümmern fand und halt mit schlechtem Material überwiegend von Leuten, die nicht vom Baufach waren (denn die meisten Männer waren ja in Kriegsgefangenschaft), gewissermaßen vorübergehend geschlossen. Dass diese Provisorien teilweise noch heute halten, ist da ein halbes Wunder.

*

am 18.2.2013 *ohne Überschrift*
Die Höfe sind überall in der alten Miethaus- kasernenbebauung sehr eng. Nach der Baupolizeiordnung von 1853 brauchten Innenhöfe nur 5,5 m im Quadrat groß zu sein, ausreichend, dass sich eine von Pferden gezogene Feuerleiter darin drehen ließ. Die Häuser waren fünf Geschosse hoch, im allgemeinen zwanzig Meter breit, durchschnittlich sechzig Meter tief und konnten drei- bis vierhundert Menschen beherbergen, plus Gewerbe und Ställe für Pferde, Rinder und Schweine.

*

am 11.2.2013 *ohne Überschrift*
Die Straßenbahnendhaltestelle in der Kniprodestraße, heute über die Schlaufe Hans-Otto-, John-Schehr-Straße zu befahren, mit einem Abzweiggleis zum BVG-Bauhof in der Conrad-Blenkle-Straße, war einst Endpunkt der Linie 74, die aus Lichterfelde und Am Friedrichshain kommend, dort endete.

Mit der Trennung des Straßenbahnnetzes 1953 fuhr sie in zwei Teilen, aus Osten kommend bis Hausvogteiplatz, und dann wieder weiter ab dort, wo heute in etwa die Philharmonie steht.

Entlang der Greifswalder Straße fuhr die Linie 72.

Die Linie 64 kam aus Hohenschönhausen und fuhr ab Landsberger Allee/Friedenstraße weiter über Andreasstraße, Schillingbrücke und Spittelmarkt bis Zehlendorf, nach Netztrennung nur bis Spittelmarkt und ab Mauerbau verkürzt nur noch bis Andreasstraße/Ostbahnhof. 1970 stellte man den Straßenbahnverkehr über Friedenstraße/Andreasstraße komplett ein und ließ bis 1976 die dann wieder neu geschaffene Linie 74 aus Weißensee kommend über Greifswalder Straße und Landsberger Allee bis Hohenschönhausen / Gehrenseestraße als Verstärker für die Linie 72 aus Weißensee und 63 aus Hohenschönhausen/Gartenstadt fahren..

Mit Inbetriebnahme der ersten Tatra-Züge, wurden die Straßenbahnlinien neu geordnet und entlang der Greifswalder Straße verkehrten die Linien 24 ab Pasedagplatz, 28 ab Zingster Str. und 58 (ab 1987) ab Falkenberg. Die Linie 63 nach Alt-Hohenschönhausen wurde im Berufsverkehr durch die Linie 14 verstärkt, die ab Kniprodestraße über Danziger (damals Dimitroffstr.) und Landsberger (damals Lenin-) Allee verstärkte.

Während des Neubaus der Kniproderücke über die Ringbahn verkehrte auch die Buslinie 56 (heute 156) von dieser Schlaufe aus und am Bf. Landsberger Allee (Leninallee) vorbei.

Was ich heute nicht verstehe, ist, warum die BVG alle möglichen Experimente mit Energiezellen- und Hybridbussen veranstaltet, wo es doch das System des Busses mit Elektromotor in Berlin bis 1972, unter anderem entlang von Greifswalder Straße, John-Scheer- und Conrad-Blenkle-Straße, in Form von Oberleitungsbussen gab.

*

im Dezember 2012 *Ohne Überschrift*

Eine Frage taucht ich bei meinen Führungen in den ehemaligen Grenzbereich immer wieder auf. Nein, in den Häusern entlang des Todesstreifens oder auch in denen, die schon im militärischen Sperrgebiet lagen lebten nicht 150-%-ige Genossen, sondern auch ganz normale Menschen. Die Schwester meiner Urgroßemutter, Tante Friedchen, musste aber am Tage des Mauerbaus ihre Wohnung räumen. Sie lebte im Eckhaus Swinemünder / Bernauer Str. und ihre „neue" Wohnung lag in der Wöhlert-Ecke-Chausseestr mit direktem Blick über den Mauerstreifen auf die Liesenstr – aber das war, weil die Häuser in der Bernauer Str. ja zugemauert und später abgerissen wurden …[5]
Im Laufe der Jahre wurden die Kontrollen, wenn man sich dem Sperrgebiet näherte, immer lückenloser. Schon an der Behmstraße/Malmöer Straße standen die Warnschilder mit der viersprachigen Aufschrift: „Grenzgebiet – betreten und befahren verboten".
Wer trotz dieser Warnung in die Behmstraße hinein lief, kam nicht sehr weit – ein befahren war wegen absperrender Betonelemente gar nicht möglich. Entweder war recht schnell ein Unifomierter oder ein Zivilist, der sich als Mitarbeiter irgendeines Ministeriums ausgab, bei einem und verlangte den Personalausweis. Menschen, die dort wohnten, durften passieren, alle anderen brauchten eine Art Besucherausweis für diesen Bereich, der vom dort Wohnenden extra beantragt werden musste. Da konnte nicht mal so einfach die Schwiegermutter überfall artig … Auch bei Kindergeburtstagsfeiern brauchten die Kinder, die in diesen Grenzbereich eingeladen wurden, diesen Passierschein.
Diese Regelung hatte aber den Vorteil, dass man im Grenzbereich sehr, sehr ruhig lebte.

---

5   … am Ende lebte sie in der Pflugstraße mit Blick auf den
    Nordbahnhof und dessen Grenzanlagen

Allerdings war sicherlich die nächtliche Helligkeit ein Problem. Wenn man mit dem Flugzeug abends nach Berlin einschwebte, konnte man den Todesstreifen daran sehr gut erkennen.

*

Oktober 2012 *ohne Überschrift*
Das größte Problem in den Parks sind in diesen Tagen die Ratten. Im Thälmannpark sind sie Handzahm, wie ich unlängst beobachten konnte, als ein Mitbürger in falscher Tierliebe eine wilde Ratte am Teich mit Brot fütterte. In Brandenburg gibt's in diesem Herbst eine Mäuseplage, die Rattenplage in Berlin ist dauerhaft. In Großstädten ist die nächste Ratte nie mehr als drei Meter vom nächsten Menschen entfernt! Seit neuestem sind Ratten in Berlin auch wieder meldepflichtig. Man sieht die intelligenten Nager auch und gerade auf Kinderspielplätzen. In der Kanalisation sieht man sie selten, .. aber sie sind da! Und am Falkplatz, in Reichweite des Mauerparks, patroullieren sie in Massen.

*

am 14.8.2006 - **Denkanstoß 1**
Wer über Kopftuch tragende Musliminnen meckert, sollte daran denken, dass erst vor fünfzig Jahren auch eine „anständige Frau der westlichen Welt" in der Öffentlichkeit noch ihr Haar (mit Hütchen oder zumindest Kopftuch) bedeckte! Auch nach dem Krieg, als es so weiter nichts gab! Die britische Queen trägt noch heute deshalb Hut, denn sie ist eine anständige Frau ... soll man glauben!

*

am 1.8.2006 - **Denkanstoß 2**
Eildieweil es an ersten aujust aine weitere rechtschraib Räform gab, di da nu aba nur noch an Schulen und Behoerden güldet, könn wieher hia weita nach unsan regeln in Um-Gangs-Schprache Texten! Find' ick echt ocey!

*

Der alte Schlachthof - am 6./10./18./25.5.06

Licht aus
Messer raus ...
... es darf auch ein Schlachtermesser sein ...!

Hart fiel der Regen auf das holperige Kopfsteinpflaster. Der Ruf eines Käuzchens schrillte durch die tiefe Nacht. Irgendwo trippelten sechs Beine einen Rinnstein entlang. Im fahlen Licht der wenigen Laternen sah man eine abgemagerte Ratte mit ihrem nackten Schwanz aus einem Gullyloch schnüffeln.
Eine einsame Person im Trenchcoat stand an einer Ecke und sah sich suchend um. Regenwasser troff von der Krempe seines tief in die Augen gezogenen Hutes. Als er das Schlachterbeilchen aus der Innentasche seiner Jacke zog, blitzte es für den Bruchteil einer Sekunde im Widerschein eines Autoscheinwerfers auf. Hierher verirrte sich kaum noch jemand, dachte er bei sich. Seine Stimme nahm einen hohen, leicht zitterigen, irren Klang an, als er rief: „Tina! Hierher! ... Tina!"
Stöckelschuhe klapperten über das Pflaster, und als das Hackebeil das Fleisch zerteilte, erstarben die Schritte schließlich ganz.
„Das wollte ich hier schon lange mal wieder machen!", lachte er. Tina sah ihn etwas verwirrt an. Ihr Makeup begann zu verlaufen.
„Hier, genau hier war es!" Als er das Messer aus dem rohen Stück Schweinekamm zog, zerfiel der in zwei Hälften. Tina quengelte und trat von einem Bein aufs andere: „Und darum müssen wir bei Sauwetter aus unserer schönen, trocknen Wohnung? Ich verpasse meine Soap, ich seh scheiße aus, hier ist kein Mensch, ich bin nass bis auf die Knochen und du zersäbelst hier, mitten auf der Straße im strömenden Regen unser Eintopffleisch für morgen. Das hättest du besser bei mir zu Hause gemacht! Idiot!"

„Aber, aber hier ist doch geschichtsträchtiger Boden.", gab er kleinlaut zurück. „...fast zwanzig Jahre habe ich hier als Fleischer gearbeitet!" „Und nun?", nörgelte sie weiter. „Das geplante neue Wohngebiet ist bisher nur in Ansätzen sichtbar, die Straßen haben immer noch dieses dämliche Kopfsteinpflaster doch nur, damit die Mieter hier daran erinnert werden, dass sie hier mitten in einer Großstadt wohnen. ... Wegen des Krachs der Autos auf dem Pflaster.", entrüstete sie sich. Er schnitt ihr eine verständnislose Grimasse.

„Ja, ja!", gab sie darauf gelangweilt zurück.

„Wenn wir nun schon mal hier sind, dann mach auch wenigstens eine richtige Führung mit mir, okay Schatzi?"

„Nichts lieber als das, Tina. Ursprünglich hatte Berlin drei Schlachthäuser. Zwei in der Paddengasse auf Pfahlbauten über der Spree, eines nahe dem Schiffbauerdamm. Geschlachtet wurde seit 1591 durch königliches Edikt nur in städtischen Schlachthäusern. Erst preußische Reformen 1810 erlaubten auch private Schlachtereien. So wurde dann 1867 zwischen Acker- und Brunnenstrasse " „Heute im Wedding ...", warf sie ein, „ ... eine gebaut, die den größten Fleischbedarf Berlins damals abdeckte. Rudolf Virchow schlug den Berliner Stadtverordneten bereits 1864 aus hygienischen Gründen die Einrichtung eines zentralen Vieh- und Schlachthofes vor. Nach langen internen Querelen einigte man sich dann darauf, nicht das Gelände in der Brunnenstrasse zu erwerben, das ohnehin schon zu Stadtnah war, sondern ein Stück der Lichtenberger Feldmark. Dieses unbebaute Gelände befand sich noch innerhalb der gerade noch im Bau befindlichen Ringbahn, aber damals noch außerhalb der eigentlichen Stadt. Wobei die Strecke auf dem Nordostring, zwischen Thaerstrasse und Putlitzstrasse als erste viergleisig ausgebaut wurde. Sieht man daran, dass nur auf diesem Abschnitt die Güter- und Fernbahngleise innen im Ring liegen. Auf Grund großer Missstände im Schlachtgewerbe, hatte Preußen schon am 18.März 1868 das

Schlachtzwanggesetz eingeführt, das Schlachtungen nur noch in kommunalen Schlachthäusern zuließ. Dieses Gesetz führte dazu, dass das Gelände des Central-Vieh- und Schlachthofs von Berlin eingemeindet wurde." „Ach, deshalb kennen die Berliner keine eigene Hausschlachtung, wie sie auf Gutshöfen früher üblich war!" „Genau Tina. Auf der Basis Virchow'scher Hygienevorstellungen und nach Plänen von Stadtbaurat Blankenstein wurde das Gelände bebaut und am 1.März 1881 eröffnet und der dazu gehörende Ringbahnsteig Zentralviehhof gleich mit. Erweitert wurde das Gelände durch Zukauf von der Thaerstrasse bis Landsberger Allee im Jahre 1889. Allein im ersten Geschäftsjahr wurden 126.347 Rinder, 392.895 Schweine, 111.937 Kälber und 650.060 Hammel verarbeitet."

„Hammel sind Schafe, wa?"

„Richtich, Tina. Kriegs- und inflationsbedingt stagnierte die Entwicklung des Zentralviehhofs von 1914 bis 1923. Nach der Gründung Groß-Berlins 1920 wurde der Viehhof anfangs Friedrichshain zugeschlagen und kam erst 1934 zu Prenzlauer Berg. Aus hygienischen Gründen wurde von 1937 bis 1940 die 420 Meter lange Fußgängerbrücke vom Ringbahnhof zur Eldenaer Strasse auf nur 22 Stützen erbaut. Im zweiten Weltkrieg wurden nicht nur über 80 % der Gebäude auf dem Schlachthof zerstört sondern auch Teile dieser Fußgängerbrücke. Das Gelände diente nach dem Krieg zum Teil als Kriegsbeutelager und Schuttablageplatz. Im Jahre 1963 wurde der weiterhin funktionierende Zentralviehhof zum VEB Fleischkombinat Berlin in dem zeitweise bis zu 2700 Leute Arbeit hatten und in dem icke ooch jelernt und jahrelang jeackert habe." „Ja, ick kann ma ooch noch an die janzen Viehtransporter und det jequitsche von die Schweine erinnern, wenn man Landsberger Allee oder wie et später hieß S-Bf.-Leninallee uff die S-Bahn jewartet hat." „Ja, da wehte auch fahnenweise echte Landluft durch die angrenzenden Strassen."

„Und die Ratten und Kakerlaken hat man nachts rudelweise über die Brücken wandern sehen."

„Ja, Tina, aber ab Anfang der 80-er Jahre wurde der Schlachthofbetrieb ooch so nach und nach herunter gefahren. Grund dafür war die Errichtung des Fleischkombinats Eberswalde."

„Wobei die Wurscht die von da kam, nicht jeschmeckt hat, mal abgesehen von den Eberswalder-Würstchen selber. Aber die Wurscht, die hier aus Berlin kam, war einfach besser! Det wissen die Alten noch."

„In den Jahren 1976 – 77 wurde die Fußgängerbrücke über den Viehhof aufwendig saniert und auch auf 505 Meter zur Storkower Strasse verlängert. Geplant war dies zwar schon beim Bau in den 30ern, doch erst jetzt wurde es verwirklicht. Grund dafür war die Errichtung des Neubaugebietes entlang der Storkower Strasse. Am 15.Oktober 1977 wurde dann ooch der Ringbahnsteig der S-Bahn von Zentralviehhof in Storkower Strasse umbenannt. Nach der Wende wurde das Fleischkombinat zunächst privatisiert und der Betrieb auf dem alten Schlachthof schließlich 1991 eingestellt. Viele Gebäude auf dem Gelände stehen heute unter Denkmalschutz. So auch die Reste der alten Fußgängerbrücke, die den Spitznamen „langer Jammer" trug und von der nun nur noch ein Rumpf übrig ist. Die ambitionierten Pläne, die Berlin mit dem Areal hatte, für den Fall, dass die Stadt die Olympischen Spiele 2000 bekäme, verschwanden ganz schnell wieder in der Schublade, nachdem Sydney den Zuschlag dafür bekommen hatte. Einzig das Velodrom wurde auf dem nördlichen Abschnitt des Geländes realisiert. Heute gibt es hier zu viele Brachen. So richtig investieren will hier derzeit wohl keiner. Sieht man ja auch an dem Betonstahlrohbau am S-Bf. Landsberger Allee, der in aller Eile auf dem Gelände des Zoologica, dem ehemals staatlichen Zierfisch-, Haus- und Kleintierhandel hingeklotzt wurde und seit Jahren nicht mehr weitergebaut wird. Man spricht auch wieder darüber, den alten Schlachthof dem Stadtteil Friedrichshain zuzuschlagen, da man in Prenzlauer Berg – Pankow wohl Investitionskosten scheut."

„Mensch, Schatzi, det war ja mal richtich interessant mit dir! So, nun pack dein Hackebeilchen mal wieder schön ein und komm noch mit zu mir, ... eine Schweinenummer ... äh ... Quicki machen und nächsten Monat latschen wir durch den Volkspark Prenzlauer Berg, wa?"

„Aber klar doch, Tina!"

*

Die Familie Bötzow - am 18./23.2.2010

Ob die Familie Bötzow und das märkische Dorf Bötzow irgendwie zusammenhängen, lässt sich auch trotz intensiver Recherche nicht sagen. Ich mach es mal konkret: Nichts genaues weiß man nicht!

Ich hatte ja auch mal vor einigen Jahren intensiv danach geforscht, welchen Wahrheitsgehalt die mir von meinem Opa immer wieder erzählte Geschichte, an die sich übrigens auch noch mein Vater und meine Cousine erinnerte, hätte, wonach unsere Familie angeblich direkt vom ersten Wandalenkönig Geiserich abstammte. Mein Opa hatte diese Geschichte schon von seinem Vater erzählt bekommen und der wiederum von seinem usw. usf.

Nach Monaten hatte ich es dann. Da die Wandalen durch die Byzantiner vernichtend geschlagen wurden, verstreute sich das Volk in alle Himmelsrichtungen. Hinzu kamen zwei Lautverschiebungen in den germanischen Sprachen einige Jahrhunderte nach dieser Vertreibung.

Dann lassen wir noch äußerst unregelmäßige Aufzeichnungen zu, Brände, die mögliche vorhandene Aufzeichnungen vernichteten, des Schreibens unkundige Kirchenmitarbeiter, die Schriftrollen nur abmalten, den Messdiener, der Wein über Pergament verschüttete, die Pest, die alle Arbeiten verhinderte, die nicht unbedingt Lebensnotwendig waren, dann Kriege ... ... und wir kommen auf eine Wahrscheinlichkeit von etwa ... naja ... sagen wir 50 % - Kann also sein, dass ich vom Wandalenkönig Geiserich abstamme, kann aber auch nicht sein.

So ist es auch mit der Familie Bötzow! Unvollständige Aufzeichnungen aus früheren Jahrhunderten, abgebrannte Kirchenarchive, die Umbenennung des Dörfchens Bötzow in Oranienburg und die Namensübertragung „Bötzow" auf die Ansiedlung Cotzebant, Schriftkopierer die eigentlich Analphabeten waren usw. usf.

Nicolas de Botzowe ist der erste Bötzow, der geschichtlich erwähnt wurde. Niedergeschrieben im „Urkundenbuch Berlin", genannt am 2.Juni 1284 und 24.Mai 1288. Wobei mich die Daten, gefunden übrigens dankenswerter Weise im Archiv des Prenzlauer Berg Museums in der Mühlhauser Straße, verwundern, schreiben wir doch die erste urkundliche Erwähnung Berlins dem Jahre 1237 zu (und das weiß ich noch ganz genau, weil ich mich an die 750-Jahr-Feier Berlin 1987 erinnere! Ich war live dabei!). Aber man kann davon ausgehen, das es sich dabei um einen Nicolas aus dem Orte Bötzow handelte und hier noch der Familienmit dem Ortsnamen gleichgesetzt wurde.

Dann taucht in den Berliner Archiven plötzlich im Jahre 1461 ein Claus Bötzow auf und als nächstes 1556 Martin Bötzow als ein kurfürstlicher Silberdiener. Der Silberdiener war ein sehr vertrauenswürdiger und mit relativ vielen Privilegien ausgestatteter Hofbedienter, welcher das Silbergeschirr unter seiner Aufsicht hatte und es durch die Silberwäscher reinigen ließ.

Besagter Martin Bötzow war auch Besitzer des Hauses Klosterstraße 88 und er war der erste, der regelmäßig in Berlin Erwähnung fand. Zu welchem Zweig der Familie er gehörte, ist unklar. Erwähnt wird er nochmals um 1600 mit seinem Sohn Martin I. und Tochter Catharina.

Auch im Jahre 1600 wird Hans Bötzow mit seiner Tochter Anna erwähnt. Er war ein Tagelöhner aus Pankow. Der Begriff „Tagelöhner" kommt daher, dass diese Leute nicht stundenweise, sondern tageweise bezahlt wurden. Sie hatten in der Regel keinen bestimmten Beruf, oder konnten ihn nicht mehr ausüben.

Deshalb boten sie ihre Arbeitskraft an. Davon konnte man zwar eher schlecht als recht, dennoch durchaus einen bescheidenen Lebensunterhalt verdienen. Sie standen somit meist weit unten in der gesellschaftlichen Hierarchie.

Erwähnt werden in diesem Zusammenhang auch noch Joachim Bötzow und dessen Kinder.

Eine belegbare und chronologisch zusammenhängende Stammfolge ergibt sich erst ab dem 18.Jahrhundert.

Sie beginnt mit Georg Friedrich Bötzow, der am 22.Mai 1718 Anna Marie Hübner heiratete und von dem nicht viel mehr bekannt ist, als dass er Zeitpächter der Meierei des Dorotheen-Hospitals in der Bernauer Straße war und ihm Gelände nordöstlich der Stadt (Berlin) gehörte, das später in Erbpacht überging. Und diese Erbpächter, denen weite Teile des heutigen Ortsteils Prenzlauer Berg gehörten, gründeten die gleichnamige Brauerei, deren Reste und Ruinen sich heute an der Ecke Straßburger Straße / Prenzlauer Allee, gegenüber der Backfabrik befinden.

Am 13. April 1864 eröffnete der 1839 geborene Berliner Großgrundbesitzer Julius Bötzow seine Brauerei in der Alten Schönhauser Straße 23/24.

Diese Brauerei galt später als die größte Privatbrauerei Norddeutschlands. Laut der historischen Quellen „... war allerdings die Qualität der Biere umstritten. ..."

Ab 1929 wurde die Marke Bötzow-Privat hergestellt.

Wie ich bei meinen Recherchen entdeckte, gehörte zu diesem ganzen Bötzow-Clan auch der Familien-Zweig Gilka, die unter anderem auch in Berlin eine

Schnapsbrennerei hatten und zum Beispiel den „Gilka-Kümmel" wohl bis nach dem Kriege herstellten. ... Und erst jetzt ging mir auf, warum mein Opa immer einen Kümmelschnaps meinte, wenn er sagte: „Gib mal'n Gilka!"

Auf der offiziellen Homepage von Pankow steht:
Pressemitteilung - Berlin, den 09.04.2008
„Eine Veranstaltung zur Vorstellung der Familiengeschichten der alten bekannten Berliner Familien Gilka, Bötzow und Gilka-Bötzow findet am Samstag, dem 12. April 2008 um 20 Uhr im Museum Prenzlauer Berg, Prenzlauer Allee 227 statt. Erwartet werden ca. 80 Angehörige aus allen drei Familien.
Diese Familiengeschichten wurden auf Veranlassung von Alfred Gilka Bötzow verfasst, einem direkten Nachfahren des Gründers der Gilkaschen Likörfabrik in der Schützenstr. 9 im Jahre 1836 (heute Teil des sog. Rossi-Viertels in Mitte). Diese Firma wurde weltbekannt durch ihren Gilka-Kümmel, existierte bis zur Enteignung 1954 in der Schützenstrasse und dann in Hamburg. 1972 wurde sie an Underberg verkauft."

Nachsatz: Auch heute noch gibt es Tagelöhner in Berlin.
Als einzige seriöse Stelle gilt die Vermittlung in der Beusselstraße 44 n-q. Sie ist montags bis freitags 3.30 Uhr bis 11.30 Uhr und sonnabends von 5.30 bis 8.30 Uhr geöffnet.

*

am 17.10.2010 - **Jobcentertext**
„Die Würde des Menschen ..." .... versteht das Jobcenter sicherlich anders, als das Außenministerium.
Ich entschloss mich dennoch im nachhinein, die Bombe nicht zu bauen!
Schon bei der britischen Admiralität herrschte bereits ende des 18.Jahrhunderts, zu einer Zeit, als Seeleute bei kleinsten Vergehen noch regelmäßig ausgepeitscht wurden, die

Meinung: „Die Peitsche mache aus einem schlechten Mann nie einen guten, aber aus jedem guten Mann immer einen schlechten Menschen."

Dabei hatte alles ganz harmlos begonnen!
Mein Vermieter wollte mir mit Schreiben vom 17.9.2010 Betriebskosten für 2009 zurückzahlen. Nun geben wir mal der Post noch zwei Tage zum Transport des Briefes. Hätte ich das geahnt, hätte ich dem Jobcenter bereits ein paar Tage vor dem 17.9. geschrieben. So erhielt ich davon jedoch erst am 20.9. Kenntnis. Nun möge man auch mir bitte wenigstens einen Tag zur schriftlichen Reaktion zugestehen, da ich selbst in netten Schreiben noch dazu neige, literarisch sicherlich relativ hochwertige und sehr kurzweilige Prosa anzubieten, die aber bei amtlichen Schreiben eher unangemessen ist. Wobei, so stur, wie das Amt auf mein Schreiben vom 21.9. reagierte, müsste ich das eigentlich wirklich mal machen.
Ich jedenfalls teilte dem Jobcenter diesen Fakt mit der Rückzahlung mit und bat um Auskunft, wohin ich diese Summe zu überweisen hätte und ob das Amt die komplette Kopie der Berechnung meines Vermieters haben möchte, oder ob ihm dessen Deckblatt mit der Mitteilung an sich ausreiche.
Mit Datum 24.9. teilte man mir mit, dass man gern bis zum 11.10. die kompletten sechs Seiten haben möchte, verschwieg mir aber noch immer die Überweisungs-formalitäten.
Gut, schon am 5.10. warf ich dem Jobcenter alles Geforderte ein.
Das Jobcenter reagierte jedoch weit aus schneller, als von mir vermutet. Mit Datum 7.10., bei mir also am 9.10. in der Post, teilte man mir sinngemäß mit, dass ich mir "ungerechtfertigt" Leistungen des Jobcenters heimlich, tückisch und hinterhältig erschlichen hätte und der ganze Fall hänge nun beim Sozialgericht.

Huch!

Ich hatte es doch gemeldet!

Aber man weiß ja, wie die Menschen so sind!

Dass man bei sowas gleich mit dem Sozialgericht schießt, hat schon seine Gründe! Schließlich sind ja alle Hartzies potentielle Sozialbetrüger, das weiß man doch aus der Bild-Zeitung.

Hinzu kommt, freie, nicht bei der Bild-Zeitung angestellte Journalie lügt außerdem sowieso!

Und dann, das muss man sich mal vorstellen, ist der Gänsrich ein Hartzie und arbeitet nebenbei immer mal, was beim Jobcenter angemeldet ist, als Journalist auch noch bezahlt!

Der ist ja gleich doppelt verdächtig!

Ick trau mir ja selber kaum noch über'n Weg!

Wer weiß, was ich für ein Schlitzohr bin!

Seid bloß vorsichtig! Ick klaue Neugeborenen die Windeln!

Ich also, Wut schnaubend, noch immer ohne Bombe, dafür mit einem besonders schönen Stück feinsten, zynisch-satirischen Schreibens im Gepäck, am nächsten Tag, es war Montag der 11.10., zum Jobcenter, erst reden, dann Satire hoch gehen lassen.

Und, was sagte man mir da so sinngemäß: ist ja alles nicht so schlimm, was das Jobcenter da schreibt, sondern nur die normale, übliche Verfahrensweise, und ich soll mich mal nicht verrückt machen.

Das ist wie mit dem Hund, der knurrend und Zähne fletschend auf einen zukommt und dessen Besitzer ruft: „Der tut nix! Der will nur spielen!"

Am 13.10 teilte mir das Jobcenter dann mit, dass mein Bewilligungszeitraum bald abliefe und dass ich ALG-II neu zu beantragen hätte und am 14.10. erfuhr ich, dass das Sozialgericht nun meinen Fall doch nicht verhandeln würde und bald käme ein weiteres Schreiben, in dem man mir dann auch die Überweisungsformalitäten mitteilen würde. Aber, las ich, ich hätte es wissen müssen, dass ich unverzüglich, also sofort, am besten noch vor der eigentlichen Mitteilung hätte wissen müssen, dass ich da ungerechtfertigt Leistungen vom Jobcenter beziehe, also das hätte ich wirklich wissen müssen ....und ich mache mich ja bei sowas dann strafbar und werde zum Sozialschmarotzer ... und ich verstoße gegen diese und jene Paragraphen und mache mich ja insgesamt strafbar ... !

Da brauchte es also vier Schreiben vom Jobcenter und drei Schreiben von mir und eine persönliche Vorsprache, um endlich das zu erfahren, was ich bereits in meinem ersten Schreiben erbat: die Überweisungsformalitäten für die mir von meinem Vermieter zurück gezahlten Betriebskosten.

Da das Jobcenter selten mal für einen Hartzie Arbeit hat, macht es sich wenigstens selbst welche.
Unangemessen und entwürdigend empfinde ich es allemal!
Nun muss ich aber doch gleich mal schriftlich beim Innenministerium nachfragen, ob eine bissige Satire, an die Medien versendet, möglicherweise wie eine Bombe ist. Nicht dass ich mich gerade wieder strafbar mache, ohne es zu ahnen! Ich bin schließlich gefährlich!

*

am 21.5.2006 - **Hartz IV**

Die CDU im Bund und auch die Berliner SPD wollen das Hartz-IV-Geld streichen! Angeblich hat man bei Hartz-IV schon genauso viel, wie bei einem mittleren Einkommen!
Da fragt man sich, wie tief denn nun schon die mittleren Einkommen sind! Na, sein wir doch mal ehrlich, 345,- €uro sind doch viel zu viel für einen, sich langweilenden Arbeitslosen, oder? ... Die saufen doch nur!

Also wenn man von 345,- €uro keinen Strom mehr bezahlt und auf Fernsehen und Rundfunk verzichtet und auch auf den überflüssigen Kühlschrank, in dem man kistenweise Bier lagert und wenn man sich keine Klamotten mehr kauft und wenn man keine Reinigungsmittel mehr kauft ... na, scheißen kann man schließlich auch in die hohle Hand ... und wenn man auf Deo verzichtet und auf Zahncreme und auf Arztbesuche und Medikamente, hat man bald auch keine Freunde mehr, die man treffen muss!

Na, dann hat man ja täglich, wenn man auch noch auf Nahrung verzichtet, fast elf €uro zum versaufen! Das sind zwanzig Bier oder zwei Flaschen Schnaps!

Prima! Dann erledigt sich ja das Hartz-IV-Problem auch bald von selbst!

*

Helmholtz Juni 2013 ... **von Robert, Bären und Baustilen** am 13./21.5.2013

Bei meinen Führungen werde ich immer wieder gefragt, ob ich den Teilnehmern irgendwas zu den Baustilen erzählen kann.

Der Prenzlauer Berg ist nicht langsam besiedelt worden. Nicht irgendwelche harten Männer setzten hier mutig einzelne Gehöfte, Burgen oder Kirchenbauten im Abstand von Jahrhunderten in den märkischen Sand. Nein! Der Prenzlauer Berg wurde relativ schnell bebaut. Die meisten der hier gelegenen Friedhöfe wurden auf der nordöstlichen Berliner Feldmark vor 1850 errichtet, die Ausflugs-gaststätten (als älteste noch erhalten ist der Prater in der Kastanienallee, gebaut 1837) gab es ab etwa 1832, das älteste Wohnhaus am Prenzlauer Berg steht gleichfalls in der Kastanienallee und ist von 1836. Das Gebiet westlich der Metzer Straße wurde in etwa bis 1865 in den Sand gesetzt. Der Krieg zwischen dem Norddeutschen Bund unter der Führung Preußens gegen Österreich, das sich in dessen Folge 1866 von Deutschland abspaltete, verbrauchte viele

Ressourcen an Menschen und Material und so kam es auch in Berlin zu einem Baustopp. Der gewonnene Deutsch-Französische Krieg 1870/71 hingegen brachte nicht nur die Reichseinigung und Gebietsgewinne für Deutschland, sondern er spülte auch durch die Frankreich auferlegten Reparationen sehr viel Geld in die Kassen der Bürger und es kam zur „Gründerzeit", in der weite Gebiete des Prenzlauer Berg, so etwa bis an den Rand der Ringbahn, bebaut wurden. Einige Bereiche östlich direkt entlang der Ringbahn wurden bis Ende des Ersten Weltkrieges errichtet. Das Tautviertel und die Gegend um den Humannplatz wurden dann erst in den 20er Jahren gebaut.

Von 1872 bis 1892 stand dort, wo jetzt der Helmholtzplatz ist, eine Ziegelei und Schreinerei. Die Wohngebiete um Kollwitz- und Helmholtzplatz, im Wins- und Bötzowviertel entstanden in industrieller Massenfertigung und bezogen ihr Baumaterial überwiegend aus diesem Komplex.

Es wurde wie am Fließband gearbeitet, bevor es überhaupt Fließbandarbeit gab. Verwendet wurden märkischer Sand und Kiefer, Kalk und Gips kamen aus Rüdersdorf. Und um wieder auf die Baustile zurück zu kommen, möchte ich einen alten Polier jener Zeit zitieren, der seinen Bauherrn fragte: „So Meesta, der Rohbau is fertich! Wat soll nun für'n Stil ran?"

Zurück in die jüngere Vergangenheit. Das komplette Hinterhaus in der Schliemannstraße 23 ist Sitz der „Robert-Havemann-Gesellschaft".

Robert Havemann, geboren* 11. März 1910 in München; gestorben am † 9. April 1982 in Grünheide bei Berlin war ein deutscher Chemiker, Kommunist, Widerstandskämpfer gegen den Nationalsozialismus und Regimekritiker in der DDR.

1945 übertrug man ihm die Leitung des Kaiser-Wilhelm-Institutes für Physikalische Chemie und Elektrochemie in Berlin-Dahlem. Zwei Jahre später übernahmen die Länder der US-Besatzungszone die Schirmherrschaft und

Finanzierung und integrierten Havemanns Institut in die Stiftung „Deutsche Forschungshochschule Berlin-Dahlem". Bereits wenige Monate später wurde Havemann auf Betreiben amerikanischer Dienststellen als Direktor abgesetzt, durfte aber eine eigene Forschungsabteilung behalten. Im Januar 1950 erhielt Robert Havemann wegen seiner Agitation gegen die Wasserstoffbombe der USA Berufs- und Hausverbot.

Noch im gleichen Jahr wurde er zum Direktor des Instituts für Physikalische Chemie an der Humboldt-Universität in Ost-Berlin und zum Ordinarius für Physikalische Chemie ernannt und trat der SED bei. Bei dieser Gelegenheit deklarierte man rückwirkend eine Parteimitgliedschaft Havemanns in der KPD seit 1932.

Havemann arbeitete von 1946 bis ins Jahr 1963 mit dem KGB, dem Ministerium für Staatssicherheit und der Armeeaufklärung der DDR zusammen.

So lieferte er als „Geheimer Informator" (GI, Deckname „Leitz") der Staatssicherheit bei 62 Treffen mit seinem Führungsoffizier mehr als 140 Einzelinformationen – darunter an 19 Treffen auch belastende personenbezogene Angaben. Dies geht aus einer 2005 erschienenen Studie der Bundesbehörde für die Unterlagen des Staatssicherheitsdienstes der ehemaligen DDR hervor.

Bis 1963 war er Mitglied der Volkskammer der DDR und wurde 1959 mit dem Nationalpreis der DDR ausgezeichnet.

Im Wintersemester 1963/1964 hielt Havemann an der Humboldt-Universität eine Vorlesungsreihe mit dem Thema Naturwissenschaftliche Aspekte philosophischer Probleme. Daraufhin wurde am 12. März 1964 eine außerordentliche Mitgliederversammlung des SED-Parteiorganisation an der Ostberliner Humboldt-Universität einberufen.

Diese beschloss, den Professor für Physikalische Chemie, Robert Havemann, aus der Partei auszuschließen, da er „unter der Flagge des Kampfes gegen den Dogmatismus von der Linie des Marxismus-Leninismus" abgewichen sei und sich des „Verrats an der Sache der Arbeiter- und Bauernmacht schuldig gemacht" habe.

Das Staatssekretariat für das Hoch- und Fachschulwesen der DDR beschloss am 12. März 1964, Professor Havemann seinen Lehrauftrag zu entziehen. Er erhielt 1965 ein Berufsverbot und wurde am 1. April 1966 aus der Akademie der Wissenschaften der DDR ausgeschlossen. In den Folgejahren wurden von ihm zahlreiche SED-kritische Publikationen in Form von Zeitungsbeiträgen und Büchern veröffentlicht.

Die Robert-Havemann-Gesellschaft wurde im November 1990 von der Bürgerbewegung „Neues Forum" als politischer Bildungsverein gegründet.

Sie dokumentiert und vermittelt die Geschichte und Erfahrungen von Opposition und Widerstand in der DDR. Zu diesem Zweck, so schreibt die Robert-Havemann-Gesellschaft auf ihrer Internetseite, wurde im Jahr 1992 nicht nur ein Archiv eröffnet, es wurden und werden zu einer Reihe von Themen Publikationen, Ausstellungen und Dokumentationen erarbeitet, Veranstaltungen und Seminare organisiert. Grundlage der Arbeit sind ihre inzwischen auf 400 laufende Meter Schriftgut angewachsenen Archivbestände.

In diesen finden sich Materialien von Einzelpersonen und Widerstandsgruppen, von Friedens- und Umweltgruppen, kirchlichen und nichtkirchlichen Initiativen sowie Unterlagen der Bürgerbewegungen und neuen Parteien von 1989/90. Gesammelt werden Schriftdokumente wie Flugblätter, Aufrufe, Briefe, Eingaben, Appelle u. a., Fotos, Transparente, Plakate, Film- und Tondokumente.

Die Dokumente von Opposition und Widerstand bilden die Gegenüberlieferung zu den Staats- und Parteiakten des überwundenen Regimes. Sie sind ein historisches Korrektiv und zu bewahrendes Kulturgut.

Das alles findet man auf ca. siebenhundert Quadratmetern im Hinterhaus der Schliemannstraße 23.

Von einer Selbstverbrennung eines Friedhofsgärtners auf dem Helmholtzplatz in den frühen 80er Jahren, von der wir als Redaktion der Prenzelberger Ansichten etwas flüstern gehört hatten, weiß in der Robert-Havemann-Gesellschaft übrigens niemand etwas! ... Das sind dann wohl solche Geschichten, wie der entlaufene Bär, der aus dem Zwinger „Am Köllnischen Park" entkam, der dann 1988 friedlich grasend im Thälmannpark gesichtet wurde und den wir uns haben aufbinden lassen.

*

Kiez Helmholtzplatz Variante II – am 17. – 24.9.2010

Hermann Ludwig Ferdinand von Helmholtz (* 31. August 1821 in Potsdam; † 8. September 1894 in Charlottenburg) war ein deutscher Physiologe und Physiker. Als Universalgelehrter war er einer der vielseitigsten Naturwissenschaftler seiner Zeit und wurde auch Reichskanzler der Physik genannt.

Im Hobrecht-Plan von 1862, der auch die Bebauung des damals noch landwirtschaftlich genutzten Windmühlenbergs vorsah, trug der heutige Helmholtzplatz Platz die Bezeichnung „D XII". 1885 wurde die in diesem Gebiet bestehende Ringofen-Ziegelei des Deutsch-Holländischen Aktien-Bauvereins gesprengt und mit Mietwohnhäusern bebaut. Erst nach Protesten der Anwohner hin wurden die Reste des alten Ringofens zugeschüttet. Am 4. August 1897 erhielt der Platz dann seinen heutigen Namen. Bereits 1898 begann man mit der Gestaltung als gärtnerische Schmuckanlage mit Spielbereichen. 1928 wurde in der Osthälfte des Platzes ein Trafohaus als elektrische Schaltstation gebaut. Dieses wurde mit einem Sitzbereich und Wetterschutz ergänzt.

Am Ende des Zweiten Weltkrieges gab es auch einige Zerstörungen auf dem Helmholtzplatz. Danach wurde er als parkähnlicher Stadtplatz mit Kinderspielplatz, Sitzgelegenheiten und Wiese neu gestaltet. Um 1950 wurde der

Säulenbereich des Trafohauses vermauert. 1976 wurde auf dem Platz eine öffentliche Bedürfnisanstalt gebaut und ein Ballspielplatz eingerichtet. 1983 wurde ein großer Teil des Platzes versiegelt, um ihn als zentralen Verkehrs- erziehungsgarten des Stadtbezirks Prenzlauer Berg zu nutzen.

Nach 1989 gab es zahlreiche Ideen zur Umgestaltung des Platzes. Die Säulenhalle des Trafohauses wurde wieder freigelegt und es gab Ausgrabungen im Bereich der alten Ziegelei. In den 1990er-Jahren wurde das Quartier um den Helmholtzplatz vom Berliner Senat zum Sanierungsgebiet erklärt. 1993 lobte der Berliner Senat einen Wettbewerb zur Freiraumgestaltung aus. Allerdings dauerte es bis 1998, ehe die Gelder für einen Umbau zur Verfügung standen. In der Zwischenzeit verwilderte der Platz und wurde zu einem Treffpunkt von Punks und Alkoholikern. 1998 wurden dann zunächst der Bolzplatz und die Spielanlagen rekonstruiert. Von 1999 bis 2000 wurden die übrigen Bereiche in drei Bauabschnitten unter Berücksichtigung verschiedener Nutzerbedürfnisse neu gestaltet.

Der Helmholtzkiez als Planungsraum 32 und der Berliner Bezirksregion XIII wird er durch die Öffentliche Verwaltung unter dem Namen Helmholtzplatz definiert. Das Quartier Helmholtzplatz ist 84 Hektar groß und zählte 20.791 Einwohner im Jahr 2007.

Ab 1.Oktober 2010 wird auch dieser Kiez „Parkraum bewirtschaftet".

Der Helmholtzkiez war ein der Geburtszellen der DDR- Bürgerrechtsbewegungen mit der Gethsemanekirche als Treffpunkt für die Opposition. Deshalb fand die Beisetzung für Bärbel Bohley am 26.September auch hier statt.

Ich selbst mag diesen Kiez sehr ... weshalb es mich auch immer wieder hier her zieht.

*

Die Filialketten vermehren sich seit Jahrzehnten in Deutschland wie die Heuschrecken. Jüngstes Beispiel ist die Eröffnung eines „Max-Baumarktes" Raumerstr. Ecke Prenzlauer Allee genau gegenüber von einem Familienbetrieb mit dem gleichen Sortiment. Nur wenige Tage später wurde ein „Max-Baumarkt" auch in der Schönhauser Allee eröffnet.

Um dieses mörderische Verhalten der großen Einzelhandels-Ketten zu verstehen, braucht man einige Hintergrundinfos, die ich mir von der Gewerkschaft Verdi und vom Einzelhandelsverband Berlin-Brandenburg dankenswerter Weise besorgen konnte.

Der normale Familienbetrieb, also der gemeinhin „Tante Emma Laden" genannte Laden, den einst Udo Jürgens besang und für den er 1977 den Preis des Deutschen Einzelhandels bekam, macht derzeit im Bundesdurchschnitt nur noch 2 % des Gesamtumsatzes. Die restlichen 98 % teilen sich die Ketten. Ausnahmslos in den Altbaugebieten großer Städte konnten die kleinen Läden sich bislang noch als Nischenbetriebe halten. Doch diese Nischen fallen langsam weg! Kein 1 – 2 Personenbetrieb kann es sich leisten, 24 h am Tag geöffnet zu bleiben, die Ketten können das schon!

Als Ende 1996 die Ladenöffnungszeiten verlängert wurden, wurden uns in den Medien viele neu entstehende Arbeitsplätze im Einzelhandel prophezeit. Es gab danach keine neuen Arbeitsplätze, aber ein Massensterben von kleinen Läden. Nach der Freigabe der Ladenöffnungszeiten im letzten Jahr (in den Medien auch wieder mit dem Hinweis auf das entstehen neuer Arbeitsplätze schmackhaft gemacht), brachte keinen Beschäftigungsschub. Das weitere Massensterben von Tante-Emma-Läden wird vermutlich Anfang nächsten Jahres einsetzen, denn sie halten ja noch immer 2 % des Gesamtumsatzes.

Kommen wir nun nochmals zu den Beschäftigten im Einzelhandel. Die Anzahl der Leute, die im Einzelhandel arbeiten, ist nicht gesunken, aber die Stundenzahl, die jeder einzelne davon arbeitet und auch die Gehälter. Zunehmend wird benötigtes Personal über „Personaldienstleister" angeheuert. Praktisch für die Handelsketten ist daran, dass sie sich selbst ihre Personalbuchhaltung sparen und immer nur so viele Leute beschäftigen und somit bezahlen, wie sie wirklich in der und der Stunde benötigen.

Für die Arbeitnehmer heißt das, dass sie, so Verdi, wie Tagelöhner behandelt werden. Sie haben keine, oder kaum noch, Rechte, und werden als Streikbrecher und Druckmittel gegenüber den noch Festangestellten eingesetzt.

Die Löhne waren im Einzelhandel schon immer miserabel, ich hatte damals, vor zehn Jahren, mit knapp zwanzig Jahren Betriebszugehörigkeit etwa umgerechnet 4,24 Euro auf die Hand. Dafür geht dann heutzutage noch einiges für den Personaldienstleister ab, der den Arbeitnehmer verkauft hat. Heißt: im Einzelhandel verdient man richtig scheiße wenig Geld.

Die Jobmaschinen im Einzelhandel wären die Tante-Emma-Läden, aber von denen gibt es halt immer weniger, weil die Handelsketten sich immer breiter machen.

*

Warum man vor der Königstadtbrauerei auf Paris Hilton, Michelle Hunziker und Katrin Bauerfeind vergeblich wartet am 19./20.5.2010

Es ist etwa zwei Jahre her, da habe ich an dieser Stelle schon einmal über die Königstadtbrauerei berichtet. Ich war damals nicht mit Paris Hilton dort verabredet und wie erwartet, kam sie zu meiner Vor-Ort-Recherche auch nicht. Dieses mal dachte ich, ich bleibe bei meinem Beuteschema und verabrede mich deshalb nicht mit Michelle Hunziker, um ihr nebenbei zu erklären, dass ich ein würdiger

Nachfolger für Thomas Gottschalk bei „Wetten dass ...“ wäre. Als jedoch Katrin Bauerfeind in einer Talkshow erklärte, dass sie die Michelle nicht wirklich gut leiden kann, und weil ich nun wieder Katrin Bauerfeind wegen ihrer feinsinnigen Moderationen, Katrin muss ganz einfach „O.K.beat-geschädigt“ sein, sehr, sehr mag, gedachte ich, mich nun halt mit Katrin Bauerfeind nicht zu verabreden. Natürlich kam auch sie nicht. Und da hat sie, wie wir gleich sehen werden, so einiges verpasst.

Ganz früher, also vor der industriellen Revolution, braute jede Familie ihr eigenes Bier, und das war überwiegend Frauensache. Bier ist ja im Grunde genommen nichts anderes, als das Wasser vergorenen und somit verdorbenen Getreides. Die Getränke der einfachen Leute waren Wasser aus dem Brunnen und halt Bier, das schon, sicher in verdünnter Form, Kleinkindern verabreicht wurde. Gelegentlich auch der Saft von vergorenem Obst (Wein) und, falls man gar eine Kuh sein Eigen nennen konnte, die Milch-Reste, die bei der Herstellung von Butter und Käse anfielen, also die Molke.
Natürlich wurde schon im Mittelalter in den Wirtshäusern und von Mönchen (zur Stärkung während der Fastenzeit) in größeren Mengen Bier hergestellt, aber so richtig los ging es damit wirklich erst mit der industriellen Revolution.

Liebe Urberliner, wir müssen jetzt ganz, ganz tapfer sein, denn unsere typische „Berliner Weiße“ ist eigentlich im Original ein bayerisches Weißbier. Die „Berliner Weiße“, sie gibt's seit 1672, ist ein sogenanntes „obergäriges Bier“, bei dem sich beim Brauprozess die verwendete Hefe oben auf der Flüssigkeit absetzt, während beispielsweise das heute gebräuchlichere Pils als „Untergäriges“ bezeichnet wird, weil sich die Hefe am Boden des Gärbehälters nieder schlägt. Das Weißbier vergor man vier bis fünf Tage in Fässern, dann wurde etwas frisch angesetztes sogenanntes

„Jungbier" hinzu gegeben und es zur weiteren Gärung in offenen Zubern belassen, schließlich alles nochmals in Fässer oder auch schon Flaschen abgefüllt und weitere sechs bis zehn Tage gelagert, bevor es ausgeschenkt wurde..

Weil diese Art der Herstellung ohne Kühlung auskam, waren obergärige Biere relativ einfach herzustellen. Erst ab 1828 kamen vermehrt die untergärigen in Mode und die ab 1883 industriell mögliche Kältetechnik tat ihr übriges zum Siegeszug des Pils.

Vielleicht gibt's ja bei den verehrten Lesern unter Ihnen zufällig einen gelernten Brauer, der mir sein Handwerk einmal genau beschreibt.

Die um 1850 herum entstehenden Brauereien benötigten also große, unbebaute Flächen, möglichst an Hängen, um darin Kühlkeller für das zu gärende Bier einzurichten. Ich kenne so etwas selbst noch aus unserem Garten, denn bevor wir dort ende der 70er Jahre ans örtliche Stromnetz angeschlossen wurden, lagerten wir im Sommer über die Woche unsere Lebensmittel in einem winzigen Kellerloch direkt unter der Laube.

Die Brauerei Königstadt produzierte zwischen 1851 und 1921 Bier. Ab 1849 wurde sie von einem Herrn Wagner auf Teilen des „Windmühlenberges" errichtet und fort an fabrizierte die „Wagners Bairisch Bier – Brauerei". Bereits 1871 ging sie in den Besitz der „Berliner Bierbrauerei Heurense & Busse" über, wurde in eine Aktiengesellschaft umgewandelt und erhielt den Namen „Königstadt AG". Der Name entstand sicher in Anlehnung an die Verwaltungsgliederung vor der Gründung von „Groß-Berlin" 1920, denn Teile des heutigen Prenzlauer Berg hatten „zu Kaiser Wilhelms Zeiten" die Bezeichnung „Königsviertel I – IV".

Die Königstadtbrauerei befindet sich auf einem Gelände entlang Saarbrücker / Straßburger Straße. Im Jahre 1903 wurde an der Schönhauser Allee ein Saalbau mit

Brauereiausschank eröffnet. Die AG expandierte weiter und übernahm 1906 die „Brauerei C. Habel" auf dem Tempelhofer Berg in Kreuzberg.

Doch leider wurden nur rund fünfzehn Jahre später, am 25.April 1921 die Markenrechte der „Königstadt AG" und die Brauerei selbst an die „Berliner Kindl – Brauerei" übertragen und der Brauereibetrieb in der Königstadtbrauerei still gelegt, da Kindl Grundstücke und Gebäude von „Königstadt" nicht mit übernahm. Heute gehören die Markennamen „Kindl", „Schultheiß" und „Bürgerbräu" ebenso wie die noch aus DDR-Zeiten vom „VEB Getränkekombinat Berlin" übernommene Marke „Berliner Pilsner" innerhalb der „Radeberger Gruppe KG" zur „Dr . August Oetker KG", einem der größten deutschen, international agierenden Lebensmittelkonzerne in Familienbesitz.

Ab dem Jahr 1925 wurde im 1.Stock des Ausschankes der einstigen Brauerei in der Schönhauser Allee der „UFA-Palast Königstadt" eingerichtet. Es war eines der ersten Tonfilm- Uraufführungs- Lichtspielhäuser in Deutschland überhaupt. Eröffnet wurde das Kino damals mit dem Film „Drei Frauen" von Drehbuchautor und Regisseur Ernst Lubitsch.

In die Gebäude der einstigen Königstadtbrauerei zogen schließlich andere Gewerke. Heute sind auf dem Gelände viele kreative Firmen, aber auch Clubs und Jugendeinrichtungen ansässig. Die einstigen Lagerkeller der Brauerei werden noch immer genutzt, wie ich mich bei meinem Rundgang mit eigenen Augen überzeugen konnte, und u.a. auch ansässig, quasi an historischer Stelle, eine Filmproduktion.
Ein Gewerbegebiet solcher Größe mitten in der Innenstadt Berlins ist sicher für jede Firma verlockend.

Ergänzen möchte ich meine Rundgang noch mit dem Hinweis auf den „Berliner-Bier-Konsumenten-Boykott", der am 1.Mai 1894 begann und erst im Dezember desselben Jahres endete. In dieser Zeit legten etwa dreihundert Berliner Böttcher die Arbeit nieder, um für bessere Arbeitsbedingungen und für den Acht-Stunden-Tag zu kämpfen. Weite Teile der Bevölkerung solidarisierten sich damals mit den Böttchern und boykottierten die Brauereien, die sich gegenüber den Arbeiterinteressen taub stellten.

So, ich bin immer wieder erstaunt, welche Details ich noch immer im Prenzlauer Berg –Archiv entdecke. Großer Dank von mir, an die dort sehr engagierten Mitarbeiter!
Gruß von mir an Katrin Bauerfeind, die auf diese Weise eine exklusive Stadtführung von mir ohne Michelle Hunziker verpasst hat. Schade!

*

Kastanienallee – Juli 2013 – **Goethe am Prenzlauer Berg** am 10.7.2013

Immer wieder stolpere ich über kleine, interessante Informationen, die von der Informationsmenge her jede für sich betrachtet, keinen ganzen, einheitlichen Artikel ergeben, und die ich heute deshalb einmal mehr oder weniger chronologisch aneinander reihen möchte.
Zu Grunde liegen mir dabei die Nachschlagewerke: „Bau- und Kunstdenkmale in der DDR – Hauptstadt Berlin I" erschienen im Henschelverlag 1984 und „Prenzlauer Berg – eine Chronik" von Klaus Grosinski erschienen im Dietz Verlag Berlin 2008.

Im Jahre 1860 ist die Lottumstraße ein noch vollkommen ungepflaster Lehm- und Schlammpfad und nur mit einigen eingeschossigen Häusern locker bebaut. Nur fünfzehn Jahre später, im Jahr 1875, gehört sie zu dem am dichtesten besiedelten Gebiet in Berlin.

In der Kastenienallee 71 steht ein 1874 von J.Jonerent als Steindruckerwerkstadt mit Wohngebäude errichteter Klinkerverblendbau. Alois Senefelder ist übrigens der Erfinder des Steindrucks, der Lithographie.

Nicht vergessen darf ich das Stadtbad Oderberger Straße, das allmählich aus seinem Dornröschenschlaf erwacht. Errichtet 1899 – 1902 nach Plänen von Ludwig Hoffmann. Der an der Straßenfront gelegene Gebäudeteil zeigt Anklänge an die Renaissance. In den oberen Geschossen befanden sich ursprünglich Dienstwohnungen u.a. für die Rektoren der seit 1900 auf dem inneren Gelände des Baublocks gelegenen Gemeindedoppelschule. Einbezogen in die Gesamtanlage war auch ein eigener Wasserturm.

Das in der Schwedter Straße 263 errichtete Gebäude war ab 1863 eine Steingutgießerei, ab 1882 die Metallgießerei Czarnikow und zu DDR-Zeiten ein Wohn- und Verwaltungsgebäude.

Und hier noch ein paar Zahlen.

Am 30.November 1641 legt die erste Berliner Bauordnung fest, dass der Bau von Schweineställen und Vorbauten in den Gassen verboten ist. Diese Bauordnung galt bis 1853.

1691 erwirbt Kurfürst Friedrich III den Herrschaftssitz Niederschönhausen und das ganze Dorf Pankow. Bereits vier Jahre Später, 1695, werden entlang der „Schönhausenschen Landstraße" die ersten Bäume gepflanzt. Am 31.März 1708 bestimmt ein königlicher Erlass die Errichtung eines „Königlichen Vorwerkes vor der Schönhausenschen Landwehr".

Das Vorwerk mit einem einfachen Gutshaus liegt auf dem Gebiet zwischen der heutigen Choriner und Lottumstraße. Dies ist die erste nachweisliche Besiedlung des Prenzlauer Bergs.

Der kalte Winter 1740/41 vernichtet zahlreiche Weinberge in und um Berlin. Damit verliert der Weinanbau in der Gegend zunehmend an Bedeutung.

Am 3.Oktober 1760 beschießen russische Truppen von den Weinbergen aus mit Kanonen Berlin und zwingen die Stadt, sich zu ergeben. Der Weinbergsweg ist übrigens die Verlängerung der Kastanienallee zum Rosenthaler Platz.

Johann Wolfgang von Goethe verlässt Berlin am 20.Mai 1778 nach seinem kurzen, nur fünftägigen Aufenthalt, über die „Chaussee nach Pankow", also über die heutige Schönhauser Allee, in Richtung Tegel.

Am 20.Februar 1813 rücken russische Truppen auch von Pankow aus nach Berlin vor, dabei u.a. 150 Kosaken über das Schönhauser Tor. Die Russen und Kosaken werden durch die 7000 Mann starke französische Garnison in Berlin zunächst zurück geschlagen. Jedoch räumen die Franzosen am 4.März 1813 die Stadt, wobei etwa 1600 von ihnen in russischer Kriegsgefangenschaft landen.

Im Jahr 1823 erwirbt Wilhelm Griebenow das „Vorwerk vor dem Schönhauser Tor". Eine nach Griebenow benannte Straße verläuft noch heute von der Schwedter Straße zur Zionskirche parallel zur Kastanienallee.

Bereits im Mai 1826 fällt in einem schriftlichen Erlass des Königlichen Polizeipräsidiums die Bezeichnung „Prenzlauer Berg" für die Gegend um die Windmühlen- umd Weinberge.

Ab Juli 1828 wird der bisherige Schlamm- und Lehmpfad, der später die Schönhauser Allee darstellt, gepflastert.

Auf dem Gelände des „Prater" in der Kastanienallee errichtet man 1837 einen Pferde-Ausspann für Fuhrwerke. Er heißt im Volksmund schon damals „Prater" … vermutlich nach „Pratum", lateinisch „Wiese".

Im Jahr 1841 wird auf „Wollanks Weinberg" am Weinbergsweg (Verlängerung der Kastanienallee) eine eiserne Lanzenspitze aus dem ersten Jahrhundert nach Christi Geburt gefunden. Dazu noch die Info, dass die heutige Torstraße um 1850 herum noch Wollankstraße hieß.

Johann Friedrich Adolph Kalbo kaufte 1852 die ehemalige Fuhrmannsschenke in der Kastanienallee.

Eine neue Baupolizeiordnung tritt für Berlin 1953 in Kraft, nach der Innenhöfe in Mietskasernen mindestens 17 x 17 Fuß, also ca. 5,30 x 5,30 Meter groß zu sein haben, so dass sich mindestens eine von Pferden gezogene Feuerspritze oder -leiter darin problemlos drehen ließ.

Auf „Nickels Hof" „am Verlorenen Weg", heute Schwedter Str. 37 – 40 eröffnet am 31.Oktober 1854 eine evangelische Mädchenherberge.

Am 1.Oktober 1858 eröffnet in gemieteten Räumen in der Kastanienallee 6 die „15. Berliner Gemeindeschule" mit zwei Knaben- und zwei Mädchenklassen ihren Betrieb. Sie ist damit die erste Schule auf dem Gebiet des späteren Prenzlauer Bergs.

Die Schule bezieht am 13,Oktober 1864 ein von der Stadt errichtetes Schulhaus in der Kastanienallee 82.

Der Besitzer J.F.A. Kalbo beantragt für sein „Café Chantant" eine Konzession zur Aufführung von Operetten, Lustspielen und Possen am 21.Januar 1867. Im Volksmund wird die einstige Fuhrmannsschenke weiterhin nur „Prater" genannt.

Und mit dieser letzten Information von vor der Reichseinigung von 1871 möchte ich meinen heutigen Text beenden: Am 5.April 1868 wird in der Schwedter Str. 7 die „Post-Expedition 37" neu eingerichtet.

*

am 14.1.2008 - **Kinderschänder an der Macht?**

Roland Koch (CDU), Ministerpräsident in Hessen, ist ein Populist, dem eigentlich nur noch die Springerstiefel fehlen. Er ist sich nicht zu schade, im kommunalen Wahlkampf NPD-Parolen zu grölen. Doch selbst die Kapitäne der Sklavenschiffe im 17. Jahrhundert wussten: Die Peitsche macht aus einem guten Mann einen schlechten Mann und aus einem schlechten Mann einen noch schlechteren.

Ist unsere Jugend schlecht?

Waren wir nicht früher genauso? Schon meine Generation (bin Jahrgang 61) hat über die „Scherze" aus dem Film „Die Feuerzangenbowle" nur müde gelächelt. Ich bin aus der Generation der Gruftis, der Punks, der Konsumverweigerer. Wogegen soll sich denn da die Jugend heute noch auflehnen?

Schon wir haben damals diesen ewig, alten Nörglern Dresche angeboten! Es gibt ja Leute, die Zivilcourage mit Dauermeckern verwechseln. Heute oft noch mehr als damals und die einem vorwerfen, kein „Unrechtsbewusstsein" zu haben, weil man mit dem Fahrrad über die Fußgängerfurt fährt, weil Mann beim betreten eines öffentlichen Gebäudes nicht die Mütze abnimmt, weil man bei Rot über die Ampel latscht, weil der Fußball einen Fleck auf dem Autolack beim anditschen hinterlässt. „Doofe, alte Meckerziege!", brüllten wir damals ... aus sicherer Entfernung.

Ist denn heute etwas anders, als damals?

Ja!

Dieselben Medien, die derzeit gern Jugendliche in Arbeitslagern wegsperren möchten, zeigen Gewalt in allen Einzelheiten. Es ist doch erstaunlich, dass bei dieser Diskussion derzeit, sich die Springer-Medien, die sich ja sonst so gern auf solche Themen wie die Aasgeier stürzen, ausnahmsweise einmal außen vor sind. Ich weiß, diese Medienschelte ist ein altes Thema, aber so viele brutale Filme, Serien, wie man sie heute sieht, gab es früher nicht oder wurde früher erst nach 22.oo oder 0.oo Uhr gezeigt. Beispiel Star Trek! Cäpt'n Picard ging noch friedlich mit anderen Völkern um und war auf Verständigung aus, bei Cäpt'n Archer ging es nur noch ums zerstören. Gewalt gibt es aber auch in scheinbar harmlosen Programmen! Big Brother (Buhä! Es lebt!) ist eingeteilt in arme und reiche Bewohner und man muss sich gegen die anderen durchsetzen, ... auch mit subtiler, psychologischer Gewalt.

Oder diese ganzen Castingshow's von „Superstars", die in drei Monaten eh keiner mehr kennt, in denen Dieter Bohlen mit: „Du bist aber'ne doofe Nuss!", die Kandidaten abwatscht!

Man darf aber auch nicht den Einfluss von Computerspielen udgl. vernachlässigen, denn es bedarf schon ausgiebiger, langer und intensiver Recherche, um KEIN Ballerspiel im Internet oder im Kaufhaus zu bekommen.
SOLLTE die Jugend heute gewaltbereiter sein, liegt das auch sicher am Umfeld! Natürlich waren meine Pioniernachmittage ideologisch besetzt, aber wir hatten halt keine Langeweile, um Unfug anzustellen. Wir hatten auch Jugendclubs und konnten uns das tanzen gehen leisten, Theatervorstellungen waren preiswert und Kino konnte man noch einfach vom Taschengeld bezahlen. Heute ist die Kultur kaputt gespart. Deshalb hat man Shopping zur Kultur erhoben. Dafür jedoch braucht man Geld, was viele nicht haben, leben doch in Deutschland ca. 10 % der Kinder und Jugendlichen auf Hartz-IV-Niveau. Die Werbung zeigt doch, was heute die Kids an Markennamen alles tragen und haben müssen. Gut, auch das gab es schon damals, denn der, der die echten Levis-Jeans trug, war besser angesehen, als der, mit der DDR-Eigenmarke Bison!

Aber unsere Generation hatte damals einen entscheidenden Vorteil: Uns fehlte der Leistungsdruck und wir hatten dennoch im Leben eine Perspektive! Gut, wer faul war, bekam zwar nicht unbedingt seinen Traumberuf, aber er bekam einen Beruf. Und wenn es beim ersten Mal mit dem Studium nicht klappte, dann klappte es später, als Erwachsener, wenn man wollte. Ein wenig Fleiß, ein wenig Anpassung an die Gesellschaft und jeder konnte beruflich aufsteigen.
Sagen Sie das aber heute mal einem Jugendlichen. Ich weiß nicht, kann man bei McDonalds hinterm Tresen aufsteigen?

Selbst wenn man heute studiert, ist hinterher eine bezahlte Arbeit, von der man auch noch Leben kann, nicht sicher. Vielleicht sollte Roland Koch dagegen etwas tun!

„Erstaunlicher Weise" gibt es doch auch Jugendliche, die „anders" sind und die sich mit Liebe und Fleiß eine eigene Perspektive schaffen, wie zum Beispiel das Musiker-Duo „Pa' Mama", die immer wieder gern in Café's und Kneipen auftreten.

Am nachhaltigsten wirkt doch immer das persönliche Vorbild! Wenn aber einige Politiker, Fußballschiedsrichter, Manager, Künstler und Diskothekenbesitzer Schurken sind ... ...?
Vielleicht sollte sich die Gesellschaft einmal generell fragen, was sie den Jugendlichen an Werten und Perspektiven vermitteln und bieten kann, bevor man unliebsame Personen einfach nur weg sperrt, wie in ein KZ!
Wo hört das Wegsperren von Jugendlichen auf und wo beginnt das Wegsperren von Andersdenkenden?
Und nebenbei, lieber Roland Koch, fehlen nicht in ihrem Bundesland derzeit über zweitausend Richter und Staatsanwälte und haben sie die vorhandenen Stellen nicht erst im letzten Jahr um 120 gekürzt?
Waren Sie, Roland Koch, nicht auch in die CDU-Spendenaffäre verwickelt?
Haben Sie nicht auch vor Untersuchungsausschüssen gelogen? Wie sieht es in Hessen mit der Integrationsbereitschaft der Deutschen Bevölkerung außerhalb der Karnevalszeit aus?
Welche Werte und Perspektiven möchten Sie, Roland Koch, denn den Jugendlichen in Hessen vermitteln? Was tun Sie FÜR die Jugendlichen, Herr Koch?

*

Kollwitz November 2012 – am 19.9.2012
Neues Leben auf dem Friedhof

Nicht immer ist man gleichzeitig überall im Kiez unterwegs. Und wenn ich nicht mit meinen Führungen und beim Ausfahren relativ Flächendeckend im Ortsteil unterwegs wäre, würde mir so manches an „Umwälzungen" durch die Lappen gehen. Da achtet man ja dann auch auf den nächsten Laden, wo man auslegt, darauf, dass man dann dort möglichst wenig den anderen Verkehr behindert, man achtet auf die ganzen Gören und Kinderwagen, auf maulige Berufskraftfahrer und fröhliche Politessen, aber man achtet weniger auf die Umgebung. Und die etwa einhunderfünfzehn Straßenkilometer, die wir im Prenzlauer Berg haben, muss man auch erstmal schaffen. Und so ist für mich so ein Rundgang mit Notizblock in einer „schwachen" Stunde immer ganz nützlich für meine Texte hier.

In der Straßburger Str. sind neue Tiefgaragen unter der ehemaligen Königstadtbrauerei angelegt. Wie mir Anreiner sagten, seien diese aber nicht öffentlich sondern nur für Gewerbetreibende der Umgebung. Wobei der Witz ist, dass das noch vorhandene Gewerbe gegenüber, im einstigen ZK-Fuhrpark das Gelände bis Ende des Jahres räumen muss, wie ich letzten Monat berichtete.

Einen Kreuzungsumbau findet an der Ecke Saarbrücker Straße statt. Es soll Fußgänger freundlicher werden. Bis zur Metzer sind die Fassaden der Häuser in der Straßburger Str. bis hin zum Kitsch saniert. So sahen die Gebäude, als man sie errichtete, nie aus, denn die Einheitsfarbe war ein leichter Gelbstich, den man bereits dem Putz der Fassaden bei mischte. Eines der letzten nicht sanierten Häuser im Kiez ist das in der Nr. 21! Fahren Sie dort hin! Schauen Sie Sich das an! So sah es vor zwanzig Jahren mal überall im Prenzlauer Berg aus!

Dahinter bis zur Belforter Str. stehen in einer großen Kriegslücke Q3A-Plattenbauten aus den späten 50er, frühen 60er Jahren.Irgendwie unsinnig erscheint mir der Umbau der Einmündung auf die Belforter. Wer da als Kraftfahrer links herum will, braucht einen Schwanenhals.

In der Belforter Str. 28 ist ebenfalls ein Haus im Nachkriegszustand mit sichtbaren Kriegsschäden. Grundschüler sprechen da vom „Geisterhaus".

In der Kollwitzstr. 20 wird gerade eine der letzten Kriegslücken geschlossen.

Wenn man in der Schönhauser Allee Stadt auswärts an den Baustellen hinter „Ziervogels Kult Curry" vorbei ist, gelangt man zum jüdischen Friedhof.

Offenbar muss man klingeln, um ihn zu begehen oder gar einen Termin vereinbaren. Neues Leben herrschte dort vor einigen Jahren, als man der NABU dort ein Bussard-Nest entdeckte und entsprechend auch pflegte.

Die Altneubauten in der Kaackstr. 60 – 67 sind angeblich zeitgleich mit der Bebauung „Am Friedrichshain" unmittelbar nach dem Krieg entstanden.

Wobei die unmittelbar ersten fertigen Wohnungen nach dem Krieg, aus dem Februar 1946, in der Hohenschönhauser Goeckestraße stehen. Aber diese hatte man bereits vor Kriegsende begonnen.

Im Café Simla in der Knaackstr. trifft sich seit einigen Wochen regelmäßig die neue „Nein-Partei", die für sich nur einen Auftrag sieht, „Nein" zur jetzigen Politik zu sagen.

In der Sredzkistraße wird seit vielen, vielen Monden „Erlebnis gebaut". Ständig sind irgendwelche anderen Abschnitte der Straße gesperrt. Die hier stehenden Pappeln halten ihr grünes Laub im Herbst länger, als alle anderen Bäume.

Hundekot, Tretmienen, sind im Kiez weniger geworden. Dafür gibt es um so mehr Ratten, die im übrigen in Berlin wieder meldepflichtig sind.

In der Sredzkistraße gibt's noch einen richtigen Schuster, der Reparaturarbeiten ausführt. Das Haus mit der Nr. 44 ist das dritte noch unsanierte Gebäude im Kiez. Die Ecke zur Kollwitzstraße ist umgebaut, vermindert den Verkehr und behindert dadurch Lieferanten.

An der Rykestraße wird gerade mal wieder eine Kriegslücke bebaut und im Ärztehaus an der Prenzlauer Allee gibt's einen Hautarzt der an Kassenpatienten noch vergleichsweise kurzfristige Termine vergibt.

In der Prenzlauer Allee ist das Mietniveau im Berliner Vergleich mit am höchsten und wohl das selbe wie an gewissen Ecken in Wilmersdorf (erinnere an die „Wilmersdorfer Witwen" aus dem Musical „Linie 1" des „Grips-Theaters").

Das BAT-Studiotheater in der Belforter protestiert mit Transparenten „Spart uns nicht weg!"

Belforter Ecke Prenzlauer ist dann noch ein Laden, der in riesigen Plastik- und Glasbehältern „Sportlernahrung" verkauft, die hier wie „Smarties" aussieht. Hektoliterweise bunte Pillen!

Und ich armer Tor dachte immer, Sportlernahrung sei Fleisch, rohes Obst und Gemüse und Nudeln … !

Einen riesigen Hof, von dem ich bislang noch nichts ahnte, entdeckte ich noch in der Metzer Straße ein paar Grundstücke neben dem Hotel. Dieser Hof ist riesig und zieht sich bis zur Belforter hinüber. Große Sandkästen, vergessene Plastikschaufelbagger und -förmchen zeugen von der regen Nutzung durch kleine Kinder.

Auch im „Zentrum Danziger 50" in der Danziger Str. 50 ist der neue Spielplatz vor der Grundschule endlich fertig und wird … „bespielt". In der Schönhauser, kurz vor der Torstraße, zwischen „Rewe" und „White trash" gibt's in einer Kriegslücke in neu übereinander gestapelten Containern, so sieht jedenfalls diese „Installation" aus, eine neue hippe Galerie mit viel Ausstellungsfläche.

Ein letztes noch. Früher gab es sie überall einmal, heute sind sie die Ausnahme: Läden die so halb im Keller untergebracht sind. Diese Räume waren im Winter oft kalt und feucht und schwer zu heizen und entsprechend preiswert von der Miete her. Gemüseläden, die ihre Waren ohnehin feucht und kühl lagern mussten, Schuster, Kohlenhändler mieteten sich dort ein. Eines der letzten Relikte dieser Zeit findet man in der Metzer Straße zur Straßburger Str. hin.

*

Oderbruchkippe - Juli 2014 – am 12./13.6.2014

Der unter „Eingeborenen" nur „Oderbruchkippe" (nach „Oderbruchstraße") genannte „Volkspark Prenzlauer Berg" entstand auf einem Gelände, das bis zum Ende des 19. Jahrhunderts als Ackerfläche, Brachland und Abfallplatz der Berliner Markthallen genutzt wurde.
Ab Ende der 1950er Jahre wurden weitere Ablagerungsmöglichkeiten für die Berliner Kriegs-, aber auch für die Abrisstrümmer rund um den Alexanderplatz gesucht, da die Bunkerüberschüttungen in Friedrichshain, Gesundbrunnen und am Teufelsberg bereits gefüllt waren.
So wurde vom Magistrat entschieden, dass auf den bis dahin mit Kleingärten genutzten Flächen zwischen der Oderbruchstraße und der Schneeglöckchenstraße eine Trümmerkippe angelegt werde.
Diese bekam dann zu Verwaltungszwecken den Namen „Oderbruchkippe". Ab 1963, nachdem die meisten Kleingärten geräumt waren, kamen mit LKW und der Trümmer-Straßenbahn rund 15 Millionen Kubikmeter Schutt auf diese Fläche.
Es entstanden ein Berg von 79 m und einer von 89 m Höhe mit einem verbindenden Grat.
Auch der Schutt der für den Mauerstreifen abgerissenen Häuser z.B. in der Bernauer Straße wurde dort von Dumpern (Unimog-Robur) abgekippt.

Die letzte feste Bewohnerin, eine alte Frau, musste ihr Grundstück Ende 1982 für den Volkspark räumen. Die meisten der heutigen Wege sind die ehemaligen Fahrtrassen für die mit Schutt beladenen LKW.

Die Hohenschönhauser Straße war etwa bis zu diesem Zeitpunkt noch eine einfache Chaussee mit eigenem Straßenbahngleisbett Stadt auswärts rechts neben der Straße, auf der die Straßenbahnen in schöner Regelmäßigkeit mindestens einmal pro Woche entgleisten.

Erst mit der Berliner Bezirksreform vom 1.Januar 2001 wurde ein bis dahin formal noch zu Lichtenberg gehörender 20 m – 50 m breiter Streifen des Volksparks entlang der Hohenschönhauser Straße Pankow/Prenzlauer Berg zugeschlagen und erst seitdem ist die Bezirksgrenze auch an dieser Straße selbst. Die Stadt auswärts links liegenden Parkplätze vor dem Berg und auch die mehrstöckigen Plattenbauten mit dem sich anschließenden Tennisclub kurz vor dem Weißenseer Weg gehören schon zu Hohenschönhausen.

*

am 8.7.2010 – **P.R. made simple ... aus dem Nähkästchen**

Der eine oder andere weiß es sicher, dass ich mir ein wenig (beim Amt angemeldetes) Taschengeld mit Öffentlichkeitsarbeit (Public Relations) verdiene.

Ich kenne aber auch die andere Seite, die des Redakteurs aus Rundfunk und Zeitung, der dann auch unter vielen Meldungen auswählen muss.

Generell muss man natürlich Veranstaltungen, die man macht, auch bekannt machen, wenn man möchte, dass Leute dort hin kommen. Wir Medienleute werden oft zugeschüttet mit Informationen und müssen dann auswählen.

Eine von vielleicht einhundert schaffen es bei mir zur Ansage im OKbeat. Viele, die PR in den Firmen machen, wollen es dann besonders gut machen und schreiben Seiten lange Pamphlete. ... Die lese ich erst gar nicht!

Einfache Infos: Wann ist es? – Datum, Wochentag ist nett, Uhrzeit! Wo ist es? – Straße, Postleitzahl, Einrichtung! Was ist es? – Lesung, Vortrag, ...! Wer ist es? - Name des auftretenden Künstlers! Eintrittspreis oder Angabe „Spende in den Hut"! Alle weiteren Infos, ob da eine Haltestelle in der Nähe ist, oder Parkplätze für den PKW, sind schon nette aber überflüssige Infos.

Wenn ich meine Pressemitteilungen raus schicke, dann immer voran als Kurzversion und eine Langversion mit'nem Dreizeiler (nicht mehr!) hinten dran.

Man muss auch bedenken, dass alle Medien einen Redaktionsschluss haben, nachdem nichts mehr geht. Da mir nicht alle diese Termine geläufig sind, schicke ich meine Presseinfos meist ab acht Wochen vor dem Termin und dann erneut alle zwei Wochen an die Medien hinaus, sowie dann noch einmal drei und zwei Tage davor. Immer mit dem Hintergedanken, dass es nur 1% oder 0,5% meiner Infos schaffen, von den anderen Medien überhaupt wahr genommen zu werden. Es gibt also eher die Garantie, dass etwas NICHT genommen wird, aber man muss die Info mindestens (zeitig genug) anbieten. Die Alternative ist eine bezahlte Anzeige in der Zeitung. Die wird dann garantiert veröffentlicht!

Auch das Format ist wichtig. Ein Adobe-Dokument sieht zwar schön aus, ist aber schei....ähm ... schwer weiter zu verarbeiten. Eine simple txt Textdatei (ein Word-doc geht auch nocht) ist dagegen fast immer zu öffnen.

Flyer als Werbeträger sind sehr schön, aber meist nutzlos und haben auch nur ca. 0,5% Erfolgsaussicht. Dennoch sollte man etwa 14, 7 und 3 Tage vor einer Veranstaltung in deren räumlicher Nähe einige Flyer auslegen. Maximalinfos siehe oben – wann, wo, wer, was!

Viel Erfolg bei Ihrer Öffentlichkeitsarbeit!

*

Obama JETZT! - am 13.3.08

Barack Obama, derzeit Faforit der Demokraten in den USA für deren nächsten Präsidentschaftswahlkampf, ist Jahrgang 61. Ein guter Jahrgang! Ich gehöre ihm auch an.

1961 wurde nicht nur die Berliner Mauer gebaut und die Beatles von Bert Kaempfert als „untalentiert" bezeichnet, sondern in diesem Jahr fand auch der erste bemannte Raumflug (Gagarin – UdSSR) statt. Etwas, das im Gegensatz zu anderen Dingen, der Menschheit wohl lange in Erinnerung bleibt.

Dass gerade jetzt ausgerechnet ein Farbiger auf dem Weg zum mächtigsten Menschen der Welt ist, ist wohl der allgemeinen Stimmung derzeit in den USA zu verdanken. Man hat den Eindruck, das Land stecke im Aufbruch. So ähnlich war es in Deutschland 1998, nachdem man sechzehn lange Jahre Helmut Kohl ertragen hatte.

Wünschenswert wäre dem „Land der unbegrenzten Möglichkeiten" solch ein Wechsel. Obama verkörpert genau das, was die Vereinigten Staaten schon immer an positivem auszeichneten: eine multikulturelle Gesellschaft und ein Gemisch von Menschen aller Nationen!

Sind die Bürger der USA schon reif dafür?

Ein solcher Wechsel würde die Führungsrolle der USA unter allen westlichen Demokratien wieder herstellen!

Aber kann Obama das erreichen?

Journalisten sind im allgemeinen Dirnen und gute Nachrichten sind keine Schlagzeile wert!

Solang Obama noch der Exot ist, so lang wird er die Presse auf seiner Seite haben! Und dann?

Wann schlagen die Republikaner in den Medien zurück!

Und selbst wenn Barack Obama eines Tages einmal der Präsident dort ist, so ist der ein Träumer, der glaubt, dass

Obama an den tatsächlichen Machtverhältnissen in den USA etwas ändern kann. Und die Macht haben nun einmal die Medienkonzerne, die Automobilhersteller, die Rüstungsbuden, die Banken ... ...

Das ist der normale Kapitalismus!

Kommt Obama dagegen an?

Ich wünsche ihm von Herzen viel Glück!

*

Unbekannte Ecken - Storkower Straße – Teil 1
am 14.4.2014

Die Storkower Straße ist nun nicht wirklich „die große Unbekannte" im Stadtteil. Zehntausende verbinden mit ihr vor allem Ärger und Angst mit dem Jobcenter in der Hausnummer 133.

Die Straße verlief ursprünglich als „Straße Nr. 12, Abt. XII/1" des Hobrechtschen Bebauungsplanes nur zwischen Greifswalder und Kniprodestraße. Verlängert wurde sie ab 9.August 1929 bis zur Landsberger Allee und weitergeführt bis zur Möllendorfstraße gar erst ab 2.April 1975.

Sie galt seinerzeit als die „Rennstrecke" für abgehalfterte Gäule aus Mariendorf, die die Fleischergesellen vor ihre Lieferwagen auf dem Weg von und zum Schlachthofgelände spannten.

Bis ende der 60er Jahre hinein gab es sehr, sehr ausgedehnte Kleingartenkolonien zwischen der Storkower Str. und dem „Blumenviertel". Diese dienten vor allem der direkten Versorgung der Bevölkerung mit frischem Obst, Gemüse, Vitamine und Kleinvieh. Erst ab Mitte der 60er Jahre wurde das Gewerbegebiet errichtet. Kam man von der damaligen Lenin- heute Landsberger Allee und lief in die Storkower in Richtung Greifswalder, bot sich noch ende der 80er Jahre folgendes Bild.

Links gleich vorn an war eine große Freifläche mit Skulpturen das „sozialistischen Realismus". Dahinter eine große öffentliche Kantine für die umliegenden Firmen und auch für die HO-Kaufhalle „Am Steuerhaus", die Kübelessen bekam. Das Bürohaus hinter dieser Kantine beherbergte einst den „Militärverlag", bei dem das Material für die politischen Schulungen der Soldaten im Grundwehrdienste, als auch Publikationen wie „die Fliegerrevue" oder die „Armeerundschau" mit ihren „Pin-Up-Girls" erschienen. Dann der zweite Zugang zum S-Bahnhof, der erst, wie man noch heute an der Architektur erkennen kann, in den 60ern gebaut wurde und da, wo jetzt die große Baugrube ist, stand das Werksgebäude für TT-Bahnen in dem über achthundert Mitarbeiter werkelten. Das waren Modelleisenbahnen im Maßstab 1:120 und einer der größten Exportschlager der DDR-Wirtschaft ins westliche Ausland. Dahinter dann der Dampferzeugerbau mit eigener Kantine, in der die „Hausfee Sabine" arbeitete. Bis zur Kniprodestraße dann weitere Büros und Firmen.

*

Storkower Straße Teil 2 - Juni 2014
am 4./16.4./12.5.2014

An der Ecke Storkower Str. / Landsberger Allee, Stadt auswärts direkt an der S-Bahn, ist ein großes Hotel. Jahre lang war das eine Bauruine. Das neue „Lichtenberger Tor", auch der Name „Hohenschönhauser – Lichtenberger Tor" war im Umlauf, sollte mit dem gegenüber liegenden und fertig gestellten Bau auf der Seite des S-Bahnhofs ein großes Einkaufszentrum bilden.
Aber der Investor ging pleite und so stand der Rohbau fast zehn Jahre lang leer, bevor sich ein neuer Investor fand, der daraus dieses Hotel machte.
Diese ganze Ecke zwischen Storkower Str., Ringbahn und Thearstraßenbrücke gehörte noch zum Prenzlauer Berg. Bis 1990 beherbergte das Gelände den staatlichen Außen- und Binnen-, Groß- und Einzelhandelsbetrieb „VE Handelsbetrieb Zoologica", in dem man von der Rennmaus

bis hin zum giftigen karibischen Feuerfisch alles an Kleintieren und Kleintierbedarf bekam. Noch bis vor etwa zwei Jahren konnte man noch gefrostetes Futter für Zierfische von einer Firma mit genau dieser Postadresse kaufen.

Schräg gegenüber in der Landsberger Allee / Storkower Str. in Richtung Kniprodestraße stand ab 1980 ein Wohnheim für vietnamesische Leiharbeiter das 2006 zu Gunsten eines Burger-Braters abgerissen wurde . Die Hallen von Kaufland beherbergten den „Handelsbetrieb II" der „Wirtschaftsvereinigung OGS" der bis auf die Stadtbezirke Lichtenberg, Treptow und Köpenick den Rest von Berlin mit frischem Obst und Gemüse versorgte. Wobei dann das Kuriosum auftrat, die „Kaufhalle am Steuerhaus" auf dieser zu Lichtenberg gehörigen Ecke an der Landsberger Allee, vom Handelsbetrieb aus Karlshorst beliefert wurde. Die Uniondruckerei, an der man auf dem Weg von der Storkower Str. zum Jobcenter fast vorbei kommt, gab es schon damals. Hinter dem Jobcenter ist in der Storkower Str. 139 d seit kurzem „Mobb e.V." unter gekommen, nachdem die im Februar ihr langjähriges Domizil am S-Bf. Prenzlauer Allee räumen mussten.

Das kleine zweigeschossige Gebäude vor dem heutigen Polizeirevier kenne ich noch im Rohbau. Mein Vater (Putzer) nahm mich als Kind 1973/74 an Sonntagen immer mal mit auf diesen Bau. Seine sicher gute gemeinte Absicht, mich für seinen Beruf zu interessieren, schlug hier leider ins Gegenteil um.

*

Das Velodrom – am 11.4.2014

Das Titelbild unserer Märzausgabe war ein „Schuss" entlang des Velodroms. Es steht an der Stelle der im Oktober 1992 abgerissenen „Werner-Seelenbinder-Halle". Der Grundstein für das Velodrom wurde am 5.September 1994 gelegt. Die unterirdische Radsport- und Schwimmhalle war Teil der

Berliner Olympiabewerbung für das Jahr 2000 und mit einer Bausumme von insgesamt rund 550 Mill. DM der damals größte Sportstättenneubau Berlins. Interessant ist, dass ein gewisser Axel Nawrocki sich für diese Olympiabewerbung verantwortlich zeichnete. Unter seiner Leitung stand ab 1. Januar 1994 die Berliner-S-Bahn, die mit der Zusammenführung von Deutscher Reichsbahn und Deutscher Bundesbahn ab diesem Datum zur Deutschen Bahn AG gehörte.

Das Velodrom wird heute, neben Sportveranstaltungen, auch für Konzerte und Fernsehshows wie zum Beispiel „Willkommen bei Carmen Nebel" im ZDF genutzt. Die Halle wurde mit einem Sechs-Tage-Rennen am 23. Januar 1997 eröffnet.

Die Radsportbahn ist kreisförmig bei einem Durchmesser von 142 Metern. Die Spannweite beträgt 115 Meter. Sie ist die größte freitragende Stahldachkonstruktion Europas.

Der Dachkörper selbst ist 13 Meter hoch, 16 Stahl-betonrundpfeiler tragen dabei 3500 Tonnen Stahl.

Die Halle bietet bis zu 12.000 Menschen Platz. Die 250 Meter lange Radrennbahn im Inneren gilt als eine der schnellsten der Welt.

Ihr Vorgänger, die Werner-Seelenbinder-Halle, entstand durch den Umbau einer alten Großmarkthalle des „Zentralvieh- und Schlachthofes", die 1876 errichtet wurde. Davor gehörte auch dieses Gelände zur Berliner Feldmark. Ihren Namen erhielt sie nach dem im Jahre 1944 hingerichteten Berliner Widerstandskämpfer Werner Seelenbinder, der als mehrfacher Deutscher Meister im Ringen an mehreren Europameisterschaften und den Olympischen Sommerspielen 1936 teilgenommen hatte.

Die Einweihung der Halle fand am 27.Mai 1950 im Rahmen des „1.Deutschlandtreffens der FDJ", bei dem 700.000 Jugendliche teilnahmen, statt. Im Gegensatz zu den heutigen grauen Betonflächen, war die Halle bis zu ihrem Abriss entlang Landsberger Allee und Fritz-Riedel-Straße gesäumt von eingeschossigen, roten Klinkerbauten in die sich u.a. eine Sparkasse (Muttern hatte mir dort als Kind mein erstes Konto angelegt) ein Laufmaschenreparaturservice und ein Blumenladen eingemietet hatten. In der Werner-Seelenbinder-Halle fanden sowohl Sportveranstaltungen wie z.B. die Sechs-Tage-Rennen, als auch Konzerte wie u.a. das „Festival des politischen Liedes" statt. Die beiden einzigen Rio-Reiser-Konzerte in der DDR konnten jeweils ca. 6000 Jugendliche hier am 1. + 2.Oktober 1988 live erleben. Der Konzertmitschnitt ist heute als Doppel-CD erhältlich.

*

Wins – April 2013 - am 11./18.3.2013
Wo sich Fuchs und Waschbär „gute Nacht" sagen

Aufgeschreckt wurde ich durch die Meldung, dass wohl Füchse (oder verwilderte Hunde?) im „Leisepark" an der Heinrich-Roller-Straße angeblich Knochen ausgegraben hätten. Nun fragt man sich schon, welches Interesse ein Wildtier daran haben sollte, Knochen auszugraben von Lebewesen, die schon seit Jahrzehnten verwest sind und die deshalb null Nährstoffe haben.
Fakt ist aber, dass der Leisepark und die angrenzenden Friedhöfe auf beiden Seiten der Straße „Prenzlauer Berg" wichtig für die Natur und für das Stadtklima sind.
Die in ihrer Dichte wieder weiter zunehmende Bebauung des Prenzlauer Bergs braucht solche Oasen.
Ich möchte dabei auch darauf verweisen, dass mal ein komplett neuer Stadtteil im Norden Pankows geplant war. Dabei sollte die S-Bahn mit der S 75 von Wartenberg bis zur S 8 nach Mühlenbeck-Mönchmühle verlängert werden.
Die geplanten Stationen waren: Karower Kreuz (der übrigens lt. einer Regionalkonferenz der DB im Jahre 2009 bis zum Jahr 2013 als Turmbahnhof fertig gestellt werden sollte), Buchholz-West und Arkenberge. In dieses Konzept

gehörte auch der schon lange überfällige Bau der U-Bahnlinie 10 vom Alexanderplatz über Greifswalder Straße, Weißensee bis nach Malchow und weiter.

Am Anstieg auf dem Georgenkirch-Parochialfriedhof in der Greifswalder Straße sieht man wohl am deutlichsten, dass die Greifswalder Straße in einem prähistorischen Flussbett liegt, das entstand, als am Ende der letzten Eiszeit die Gletscher vollends abschmolzen und sich das Wasser seinen Weg bis in das Berliner Urstromtal wühlte.

Der St. Marien- St. Nikolai-Friedhof besteht aus zwei Teilen. Der erste, ältere, ist noch innerhalb der ehemaligen Akzisemauer, unterhalb der Straße „Prenzlauer Berg", angelegt. Bedeutende Größen haben hier ihre letzte Ruhestätte gefunden. Die Familie Stargard zum Beispiel, die übrigens nicht die Namensgeber der Straße sind. Nach der Familie Spindler ist dagegen ein ganzer Berliner Stadtteil (bei Köpenick) benannt. Sie hatten in jenem Ortsteil ihre Großwäscherei. Halb Berlin wurde dort sauber. Und weil man dort sehr viele Arbeitskräfte brauchte, bekamen sie ihre eigene S-Bahn-Anbindung, wie ja auch mal Siemens bis 1980 eine solche hatte (ab Jungfernheide die Stationen: Wernerwerk, Siemensstadt, Gartenfeld).

Der obere, zweite Teil des St. Marien- St. Nikolai-Friedhofs ist weniger pompös. Auf ihm liegen nicht ganz so bekannte Persönlichkeiten. Im Sommer ist er herrlich verwildert. Greifvögel sollen auf dem Friedhof brüten. Selbst ehemals eiszeitliche Kräuterpopulationen haben sich auf ihm angeblich gehalten. Seit wenigen Jahren finden auf diesem Friedhof auch wieder Beerdigungen statt. Dürfte ich mal wählen, wenn MEINE Zeit dereinst kommt, würde ich gern selbst dort beigesetzt werden. Weil etwa ein Drittel des Areals schon seit Jahren nicht mehr gebraucht wird, wollten die verantwortlichen Kirchgemeinden ursprünglich

Wohnhäuser auf dem Gelände bauen. Massive Anwohnerproteste hatten Erfolg und so wurde aus diesem Friedhofsteil der „Leisepark" der erst im Juni letzten Jahres eröffnete. Schüler der „Grundschule an der Marie" hatten ein Jahr zuvor diesen Namen als Vorschlag für den künftigen Park eingereicht, damit „andere Kinder dann in diesem Park auch leise sind".

Durch ein Mauerstück gelangt man vom St. Marien-, St. Nikolaifriedhof hinüber zum Friedhof der St. Georgen-Parochial-Gemeinde. Die Familie Bötzow ist auf ihm, im Vergleich, eher schlicht beigesetzt. Der Familienclan besitzt mehrere Grabstätten auf dem Areal, das im übrigen nicht halb so ein verwildertes Flair hat, wie der andere Friedhof. Von der Stadt gepflegt wird die Gruft der Familie Zeitler. Sie ist wirklich sehenswert.

An der linken äußeren Wand ist in Stein gehauen eine recht aktuelle Inschrift, die die Frage beantwortet, wie teuer denn seinerzeit solch eine Familiengruft war.

Das ganze Gegenteil von „schlicht", mit allem Pomp gebaut und überhaupt nicht zu übersehen ist die in Form eines monumentalen dorischen Tempels errichtete Grabstätte der Familie Pintsch.

Dass es sich dabei eigentlich um einen Klempner handelt, glaubt man kaum. Also mein aufbauender Hinweis an alle Kleingewerbetreibenden: da könnt Ihr auch hin kommen!

Julius Carl Friedrich Pintsch lebte vom 6. Januar 1815 bis 20. Januar 1884. Nach ihm ist das Pintsch-Gas-System und die Pintsch-Boje benannt 1878 wurde ihm der Ehrentitel eines Königlich-Preußischen Kommerzienrats verliehen. Viele der teuer aus England eingeführten Gasgeräte jener Zeit waren reparaturanfällig, sodass für Julius Pintsch der Gedanke nahe lag, bessere Armaturen und Apparate zu produzieren. 1847 stellte er einen sorgfältig gebauten Gasmesser eigener Konstruktion vor.

Im Jahre 1851 erteilte ihm der Berliner Magistrat einen Auftrag über 50 Gasmesser. Die überlegene Qualität dieser Geräte führte dann zu weiteren Bestellungen aus anderen Städten und sogar aus dem Ausland.

Auch Dampfheizungsanlagen für Eisenbahnwaggons und – einzig in Europa - Gasglühlichtbrenner wurden produziert. 1877 wurde die erste Pintsch-Leuchtboje in der Kronstädter Bucht ausgelegt. Ein Pintsch-Werk in Österreich produzierte sogar Flugzeuge. Die bekannteste Maschine war die „Julius Pintsch A.G. Wien SCHWALBE II"; sie flog in der Zwischenkriegszeit bei den österreichischen Luftstreitkräften mit der Kennung „OE-TAA".

Noch heute existiert als Nachfolgeunternehmen die Pintsch Bamag Antriebs- und Verkehrstechnik GmbH.

Und weil wir gerade bei „Gas" sind. Im Krieg wurde der Prenzlauer Berg ja bekanntlich zu fünfundneunzig Prozent nicht zerstört. Wie mir etwas betagtere Teilnehmer einer meiner Führungen im März berichteten, lag das daran, dass auf dem Gelände der ehemaligen Gasanstalt (dort, wo seit 1986 der Thälmannpark ist) viele Zwangsarbeiter und KZ-Häftlinge arbeiteten und die Alliierten bei ihren Bombenangriffen vor allem die schützen wollten.

*

Wer liegt „Six feed under"? Wins – Mai 2013
am 16.4.2013

Ich hatte ja im letzten Monat damit begonnen, zu berichten, dass Füchse im Leisepark an der Heinrich-Roller-Straße Gebeine ausgegraben hätten.

Tja, wie tief liegt man denn da eigentlich? Man kann tatsächlich mit dem Namen der amerikanischen Bestatter-Serie "Six feet under" antworten. Die Särge werden im Schnitt etwa 1,8 Meter bis 2,2 Meter tief bestattet. Dies ist aber keine generelle, bundesweite Regelung, da es kein

Bundesbestattungsgesetz gibt, denn das ist Ländersache. Wie tief wiederum auf einem einzelnen Friedhof beerdigt wird, hängt von den Bestimmungen für diesen Friedhof ab. Und das hat was mit dem Grundwasser zu tun, manchmal aber auch mit der generellen Bodenbeschaffenheit.

So ergeben sich sehr viele unterschiedliche Möglichkeiten, wie tief ein Sarg bestattet wird. Aber grundsätzlich liegt man mit der Annahme, dass ein Sarg zwischen 180 und 220 cm tief bestattet wird, vollkommen richtig.

Zum Thema Feuerbestattung hab ich leider keine Hinweise darauf gefunden, wie tief eine Urne vergraben werden muss, denn sie muss es in Ausnahmefällen überhaupt nicht, aber in einschlägigen Internetforen spricht man von ca. 1,50 m.

Ich trinke eher Kaffee, als Wein. Den aber bitte nur mit melangierten ganzen Bohnen, die täglich neu mit frischer Vanille aromatisiert werden, jede Tasse einzeln von Hand gemahlen und in der Tasse gebrüht, … und kein Schnickschnack mit Kaffeepads oder solchem Quatsch.

In der Winsstraße sind viel mehr Weinhandlungen, als im Rest des Stadtteils. Das zieht sich durch die gesamte Straße. Dabei hat die Winsstraße nichts mit der Winzerei zu tun.

Die Straße ist benannt nach Thomas Wins oder Wyns, der vor 1392 Berlin geboren wurde und um 1465 Berlin verstarb. Die Familie Wyns (Wins) wurde zum Teil 1067 von Kaiser Heinrich IV. geadelt. Thomas Wins wurde 1447 Bürgermeister Berlins.

Er gehörte zu den reichsten Bürgern Beim Berliner Aufruhr 1448 fielen auch die Wins in Ungnade, kamen aber nach nur vorübergehender Bestrafung glimpflich davon. Die reiche Patrizierfamilie unterstützte um 1500 finanziell den Deutschen Ritterorden.

In der Marienburger Str. fragte ich einen alt eingesessenen Gewerbetreibenden nach den Veränderungen in dem Kiez aus seiner Sicht.

„Ja, also früher gab es ja hier mal allein in der Straße mindestens fünf Schreinereien. Na und dann gab's vor allem viele kleine Lebensmittelläden und so Fleischer, die noch ihre Wurst selbst machten und auch richtige Bäckereien, die nachts um zwölf ihre Öfen anheizten und die ersten eigenen Brote walkten und nicht solche Backwarenaufwärmstuben wie heute. Das roch man damals auch! Und die Bewohner hier waren auch ganz andere.

Die hingen noch an ihrem Kiez und hatten einen Bezug dazu. Heute ziehen die Leute ja alle halbe Jahre um und machen dadurch die Wohnungen nur teuer."

Bei meinen Führungen durch die Viertel muss ich oft den Kompromiss eingehen, die eine oder andere Ecke auszulassen, um den Teilnehmern eine möglichst spannende und dichte Tour anzubieten.

Ich baue die Strecken ein bisschen wie 'ne Hörfunksendung auf: nach zweieinhalb Minuten Information kommen drei Minuten Verdauung und Entspannung in Form von „Wir gehen jetzt mal weiter ...".

Für diesen Artikel hier bin ich mal die ganze Winsstraße herunter gelaufen. Üblich ist bei der Hausnummerierung das französische System, bei dem auf der einen Straßenseite die geraden, auf der anderen Straßenseite die ungerade Nummern sind. Im alten Preußen wurde dem entgegen aber auf tangential und radial verlaufenden Hauptstraßen das „Hufeisensystem" angewandt, bei dem auf der einen Straßenseite die Nummern hintereinander aufwärts laufen, am Ende der Straße aber umgekehrt wird und die aufwärts Nummern wieder zurück zum Straßenanfang gehen.

So sind die Hausnummer Winsstraße 1 und Winsstraße 72 direkt an der Heinrich-Roller-Straße. In der Winsstraße 9 an der Ecke Immanuelkirchstraße ist noch ein „ostiges" Eckhaus zu sehen, das gefärbten Rauputz und noch alte

Doppelfenster hat. Das Geburtshaus des Entertainers Hans Rosenthal ist in Nummer 63. Nur wenige Häuser weiter findet man das letzte wirklich unsanierte Haus (Nr. 59) des ganzen Kiezes. Hoffentlich schaffen es dessen Bewohner auch weiterhin, sich die Modernisierung vom Hals zu halten. Direkt daneben, in Nr. 58, gibt es eine wirklich sehenswerte Klinkerfassade. „Winshaus" steht daran. Beidem gegenüber ist gleichfalls ein bislang kaum repariertes, saniertes Haus.

Der „Kaiser's" an der Ecke Marienburger ist in einer von vorn kaum noch erkennbaren ehemaligen HO-Kaufhalle („HO" = die staatliche Handelsorganisation der DDR). „Kaiser's" hat in den letzten Jahren viel Geld in den Erhalt und Umbau des Gebäudes aus den 70ern gesteckt. Nur nach hinten sind noch der einstmals riesige Sozialtrakt erkennbar, den eine „Kaufhalle" mit seinerzeit ca. achtzig Mitarbeitern, die teilweise im Vier-Schicht-System arbeiteten, benötigte. Eine der wenigen Kriegslücken gibt es dort, wo die Nummern 50 + 49 fehlen. Hier steht die Turnhalle der „Grundschule an der Marie".

Fassadenarbeiten gibt es seit ein paar Wochen dem gegenüber in Nr. 28. „Stadtkind" sieht man hinter Gerüst und Planen kaum noch. Eine richtig „ostige" Ecke ist an der Kreuzung der Christburger Straße zu bewundern.

Die Nummern 30 + 45 haben wieder den alt bekannten Rauputz und alte Doppelfenster, bei denen das Holz schon fault. Interessant fand ich den „Sozialen Bücherladen" in Nr. 30 II. Den gibt's seit etwas fünf Jahren. Er lebt allein von Spenden. In der Winsstraße kommt es mir so vor, als würde dort „schon immer" gebaut.

Neu, seit April an der Einmündung zur Heinrich-Roller-Straße, wohl alt und noch immer, an der Kreuzung der Jablonskistraße. Da bauen die doch aber schon ewig und drei Tage an diesem verdammten Fußweg … oder täusche ich mich?. Winsstraße 33 ist dan wieder ein „nostalgisches" Gebäude. Alte Fenster, neue Farbe, alter Putz.

Die Winsstraße endet, heute, an der Danziger Straße mit der Nr. 35 In Richtung H.-Roller-Str. geht es auf der anderen Seite der Winsstraße mit Hausnummer 40 zurück.

Wo sind da wohl die Nummern 36, 37, 38 und 39 geblieben?

Auf meinem alten Stadtplan von 1956 erkennt man, dass die Winsstraße einst die Danziger Straße komplett querte und Zufahrt zum Gaswerk war. Dieser Straßenabschnitt verschwand mit dem Abriss der Gasanstalt ab 1982. Die Ella-Kay-Straße entstand ein paar Meter daneben.. Apropos Gasanstalt. Deren Reste mussten, so der damalige politische Wille, recht schnell verschwinden, da man zu dessen 100.Geburtstag am 16.April 1986 den nach ihm benannten Park offiziell der Öffentlichkeit übergeben wurden. Dabei wurden in aller Eile auch Tanks und Teerbecken einfach im Boden versenkt und zugeschüttet. Anfang der 90er Jahre wurde nach Beschwerden von Anwohnern damit begonnen, das Grundwasser hier sehr aufwendig zu reinigen. Der Berliner Senat hat beschlossen, diese Reinigung in den nächsten Jahren fort zu führen und auszuweiten.

*

am 2.8.2008 - **Carnival of Light**

… ist ein bis heute unveröffentlichtes Stück der Beatles. Außer den engsten Mitarbeitern hat niemand dieses obskure Werk gehört. In den offiziellen Studioprotokollen ist nur verbürgt, dass die Beatles am 5. Januar 1967 nach einer Overdub-Session für Penny Lane unter der Leitung von Paul McCartney eine knapp vierzehnminütige Klangcollage, ohne Form, Takt, Tonart und Melodie, aufnahmen.

Ein Vier-Spur-Tonbandgerät wurde dabei mit allerlei Geräuschen und Bandschleifen belegt, dazu kamen stark verzerrte Gitarren, Schlagzeug und Orgeltöne. Das Arbeiten mit Bandschleifen war den Beatles seit „Tomorrow Never

Knows" bekannt. Bemerkenswert ist jedoch, dass bereits 18 Monate vor John Lennons Revolution 9 mit absolut freien Klangformen experimentiert wurde.

Das Stück ging aus einem formlosen Auftrag für ein vom Künstlertrio Douglas Binder, Dudley Edwards und Dave Vaughan organisiertes Mixed-Media-Event hervor, das am 28. Januar und am 4. Februar 1967 im Roundhouse Theatre in London stattfinden sollte.

Der damalige Toningenieur Geoff Emerick erinnerte sich wie folgt an die Session:

„When they had finished George Martin said to me ‚This is ridiculous, we've got to get our teeth into something a little more constructive'."

– Geoff Emerick in Mark Lewisohn: The Complete Beatles Recording Sessions. (1988)

Wegen der Länge des Stücks wurde McCartneys Vorschlag abgelehnt, es auf Anthology 2 zu veröffentlichen. Betrüger könnten ohne weiteres ein Bootleg herausbringen, da niemand das Stück kennt und es sich in keiner Weise nach Beatles anhören soll. In einigen Internet-Tauschbörsen kursieren solche Fälschungen bereits.

*

Das Rätsel um den Meilenstein - mögliche Antworten am 16.2.2016 Einfügung fürs Internet am 9.3.2016

Der Windmühlenberg war um die Entstehung des Bildes 1850 herum vermutlich noch als Weinberg bekannt, da an dieser Stelle bis 1742 Wein angebaut wurde. Namen halten sich im Volksmund ja sehr lange.

Dass man es mit den Namen damals nicht so genau nahm, sieht man u.a. an der Bezeichnung "Königstor" für die Ecke Winsstraße / Marienburger, im Dezember berichtete ich ja über die dortige ehemalige Brauerei.

Einige der Bilder zu dieser Brauerei, die wir im Archiv des Prenzlauer Berg-Museums zu diesem Thema fanden, hatten in besagtem Archiv die Unterschrift "Am Königstor – Winsstraße / Marienburgerstraße", was bei uns beiden Suchenden, Dirk und mir, eine gewisse Heiterkeit hervor rief, ist doch die Bezeichnung "Königstor" für die Ecke Greifswalder Str. / Prenzlauer Berg / Am Friedrichshain üblich. Aber so weiträumig wurde der Begriff "Königstor" zur damaligen Zeit ausgelegt.

Auch ist das "Pfund" oder "Halbpfund" beim Einkauf z.B. von Hackepeter trotz "metrischem System" seit einhundertfünfzig Jahren in Preußen noch nicht aus dem Sprachgebrauch verschwunden. Und so habe ich die starke Vermutung, dass besagter Meilenstein nicht am "Windmühlenberg" sondern am "Mühlenberg" stand, und der war an der heutigen Prenzlauer Allee. Auch ist die Bockwindmühle im Hintergrund richtig. Man sieht Bockwindmühlen z.B. auf dem Bild des Wasserturms von 1856, das am Pankower Heimatmuseum, Hintereingang an der Kolmarer Straße, hängt.

Die von der Forschungsgruppe Meilensteine angeführten sogenannten Holländermühlen, mit ihrem sich die Mahlflügel selbsttätig in den Wind drehenden Dachgeschoss konnten sich nur die reichen Holländer oder reiche Bauern z.B. in Mecklenburg leisten. Im sparsamen Preußen und armen Brandenburg hingegen, war die abgebildete Bockwindmühle üblich, die durch den Müller immer erst Mühsam komplett in den Wind gedreht werden musste. Tja und unsere Mühlen hier am Prenzlauer Berg gehörten gar der, knausrigen, Stadt Berlin! Man kann eine solche eine Bockwindmühle noch im Dorfkern von Marzahn sehen. Also, vermutlich stand der besagte Meilenstein in der Prenzlauer Allee Höhe Marienburger Str., zumal es ja einen Nachbau eines solchen Steines auf dem Spielplatz an der Marie gibt.

*

100

Die Mitte des Prenzlauer Berg – Folge 1 / 2
am 10./15.6.2016

Abweichend von der Vorankündigung in der letzten Ausgabe, uns um die genauen Grenzen des Prenzlauer Berg zu kümmern, kam von einer Leserin jüngst die Frage: „Gibt es eigentlich auch eine richtige Mitte, ein Zentrum, hier am Prenzlauer Berg?" Ich dachte, das wären zwei gute Folgen, um quasi das Sommerloch an dieser Stelle zu füllen.
Hat der Prenzlauer Berg eine Mitte oder ist er gar das Zentrum Berlins? „Ist das hier schon Stadtrand?", fragte mich vor einiger Zeit ein Tourist am U-Bf. Eberswalder, der auf dem Weg zur Schmehling-Halle war. „Na weil ich von meinem Hotel am Zoo so lange mit der U-Bahn bis hierher gebraucht habe.", schob er erklärend nach.

Wenn wir von der Mitte des Prenzlauer Berg sprechen, müssen wir uns erst einmal einigen, welche „Mitte" wir nehmen! Ihre eigene Mitte steckt sicher in Ihnen selbst! Die geistliche Mitte ist in jedem Andachtsraum zu finden. Oder doch in der Georgenkirchstraße in Sichtweite des Prenzlauer Berg? Hinter der Bartholomäuskirche ist das Zentrums der Evangelischen Kirche Berlin-Brandenburg-schlesische Oberlausitz als Sitz des Berliner Konsistoriums. Die treiben z.B. die Kirchensteuer ein.

Die organisatorische Mitte ist das Bürgeramt im ehemaligen Siechenheim in der Prenzlauer Allee. Dort tagt die BVV für Pankow, von dort machen sich die Hüter der Parkraumbewirtschaftung auf den Weg.
Als sportliches Zentrum würde ich die Anlagen am Falkplatz mit Jahn-Sportpark und Schmehling-Halle bezeichnen, falls da nichts der TSC, zwischen Paul-Heyse-Straße und Velodrom, was dagegen hat, denn deren weiträumiges Areal könnte man gleichfalls als sportliches Zentrum bezeichnen.

Die Gesundheitsversorgung bündelt sich zwischen dem Klinikum Fröbelstraße und dem Ärztehaus Karl-Kollwitz an der Prenzlauer Allee, aber auch in jeder anderen Arztpraxis.

Die Kulturellen Zentren sind mit Sicherheit der Kulturverein Prenzlauer Berg in der Danziger 50, das Pankow Museum in der Prenzlauer Allee, die Zentralbibliothek Heinrich-Böll in der Greifswalder Straße und die Werkstätten, Ateliers und Bühnen im Thälmannpark und die Kulturbrauerei.

Über den wichtigsten Verkehrsknotenpunkt ließe sich trefflich streiten. Sind es die Ringbahnhöfe, oder der U-Bf. Eberswalder oder die großen Kreuzungen an den Ausfallstraßen? Die Straßenbahn ist das dominierende öffentliche Nahverkehrsmittel. Von den insgesamt zweiundzwanzig Linien Berlins durchfahren bzw. berühren elf Linien den Prenzlauer Berg.

Viele Kieze haben ihren zentralen Punkt, meist an einem Stadtplatz, aber eben nicht alle, wie man z.B. im Blumeviertel sieht. Auch um einzukaufen gibt es nicht „das" Zentrum, und die Schönhauser-Allee-Arcaden so zu bezeichnen, widerstrebt mir.
Das wirtschaftliche Zentrum ist vermutlich der weit gegliederte Tourismus, sind die Gewerbegebiete in der Storkower Straße und auf den einstigen Brauereigeländen.
In der nächsten Ausgabe versuche ich es mit dem geografischen Mittelpunkt.

*

Der Mittelpunkt des Prenzlauer Berg – Versuch einer Annäherung - am 10./15.6.2016

Bevor ich Ihnen die ehemaligen Grenzen des einstigen Stadtbezirks Prenzlauer Berg nahe bringe, heute mal eine Folge außer der Reihe. Leser hatten angefragt.

Was ist denn nun der Mittelpunkt, das Zentrum des Prenzlauer Berg? Es gibt keines! Die organisatorische Mitte ist mit Sicherheit das Bürgeramt in der Fröbelstraße.

Welches Zentrum nehmen wir sonst? Den Lebensmittelpunkt? Den Straßenverkehrs-und-öffentlichen -Nahverkehrsmittelpunkt? Das wirtschaftlich/ökonomische - oder kulturelle Zentrum? Das Zentrum des Sports oder der Gesundheitsversorgung?

Versuchen wir es mit der geografischen Mitte. Geht man streng von Ost nach West und von Nord nach Süd, kommt man auf eine andere Mitte, als wenn man von schief nach schräg über die jeweils größte Ausdehnung geht.

Versuchen wir es zunächst mit dem letzteren Falle, mit der größten Ausdehnung.

Wir gehen vom nordwestlichsten zum südöstlichesten Punkt und somit von der Nordbahn / Esplanade bis dahin, wo die Eldenaer Straße die Ringbahn kreuzt. Das sind ca. 7 km. Vom südwestlichsten bis zum nordöstlichsten Punkt, von der Torstr. / Gormannstraße bis in die „Kleingartenanlage am Volkspark e.V." / Otto-Marquardt-Straße sind es ca. 4 km. Schnittpunkt beider Linien ist in etwa die Ecke Hans-Otto-Straße / John Scheer-Straße.

Nehmen wir indes, weil er nördlicher liegt, als nordöstlichsten Punkt die Ecke Schönhauser Allee / Esplanade / Hallandstraße, das sind ca. 3 km, ist der Schnittpunkt beider Linien in etwa Höhe Seelower Str. / Schivelbeiner Straße.

Geht man streng in rechten Winkeln vor, ergeben sich folgende Linien: von der Oderberger / Bernauer Straße / Mauerpark, den Zipfel Viehhof bei der West-Ost-Achse einbeziehend, landet man an der Indira-Gandhi-Str. zwischen Sportforum und Berliner-Kindl-Schultheiß-Brauerei. Heißt, die größte Ost-West-Ausdehnung, in geografischem Sinne, sind ca. 4,6 km. Die Hälfte davon ist

Storkower Str. / Pieskower Weg. Die größte strenge Nord-Süd-Ausdehnung 4,3 km. Schnittpunkt beider Linien ist in etwa die Gegend rund um den S-Bf. Greifswalder Straße. Der Prenzlauer Berg erstreckt sich auf dieser Achse indes nur über ca. 3,85 km. Wer dort wohnt, wohnt, in streng geografischem Sinne im Zentrum des Prenzlauer Berg. Also suchen Sie Sich Ihren Mittelpunkt am Prenzlauer Berg aus!

Als Grundlage diente Kartenmaterial aus dem „Wegweiser Aktuell" vom August 2015, google-earth und ein Stadtplan von 1956, berechnet wurde mit simplen Linealen.

*

Der Mittelpunkt des Prenzlauer Berg – Versuch einer Annäherung – Variante 2 - am 10./15./16.6.2016

Bevor ich Ihnen die ehemaligen Grenzen des einstigen Stadtbezirks Prenzlauer Berg nahe bringe, heute mal eine Folge außer der Reihe. Leser hatten angefragt.

Was ist denn nun der Mittelpunkt, das Zentrum des Prenzlauer Berg? Es gibt keines! Die organisatorische Mitte ist mit Sicherheit das Bürgeramt in der Fröbelstraße.

Welches Zentrum nehmen wir sonst? Den Lebens-mittelpunkt? Den Straßenverkehrs-und-öffentlichen -Nahverkehrsmittelpunkt? Das wirtschaftlich / ökonomische - oder kulturelle Zentrum? Das Zentrum des Sports oder der Gesundheitsversorgung?

Versuchen wir es mit der geografischen Mitte. Es gibt laut unterschiedlicher Suchmaschinen im Netz mindesten fünfundreißig verschiedene Varianten der Berechnung eines georgrafischen Mittelpunkts. Danach ist der Prenzlauer Berg mal 7,3 km x 2,8 km lang, beziehungsweise breit, mal 3,85 km x 4,3 km (alles circa Zahlen).

Machen wir aus dem Prenzlauer Berg mal ein Quadrat, ziehen zwei Linien und da, wo sie sich kreuzen, legen wir einfach den Mittelpunkt fest.

Bingo, Sie haben gewonnen!

Es ist die Ecke Danziger / Greifswalder Straße, auf der Südwestseite der Danziger gelegen. Das Zentrum des Prenzlauer Berg liegt im Schatten, nicht nur wegen der hier grundsätzlich immer fehlenden Sonne, sondern auch im kulturellen Sinne.

Die Wabe liegt schräg gegenüber im, sonnigen, Thälmannpark. Radfahrer mögen diesen Abschnitt der Danziger überhaupt nicht, wegen des fehlenden Radweges und wegen der vielen Autos. Kraftfahrer mögen diesen Abschnitt gleichfalls nicht, wegen der vielen Radler. Die Videothek an der Ecke, in der man nur lausigen Mainstream fand, ist durch einen Lebensmittelladen für das Nötigste ersetzt worden.

Es fehlen insgesamt Gewerberäume. Wie sich die wenigen hier ansässigen Firmen halten, ist wohl den Firmen selbst ein Rätsel. Vermutlich ist Willy Bresch an der Ecke deshalb schon ab morgens um zehn Uhr geöffnet und wird besucht. Die Bäume überschatten den ohnehin schon schattigen, unattraktiven Gehweg weiter.

Als das Gaswerk noch Kohle verkokste, musste man wenigstens einmal pro Woche die Fenster putzen, auf die sich wie Schimmel ständig neuer Kohlengrus absetzte. Heute verrußen garantiert feinstaubfreie Diesel und Reifenabrieb die Fenster.

An verwitterten Laternenmasten hängen wirre Botschaften wie „Babytrommeln mit Martin" (haben Babys überhaupt einen Resonanzkörper?), „Suche bezahlbare Wohnung hier im Kiez" (haha!) oder „Geld verloren! Wer hat meinen Tausend-Euro-Schein gefunden?"

Grau und zum Teil abgeblättert sind auch die Fassaden der Häuser. Einzig bunter Farbtupfer ist die erotische Werbung unter der öffentlichen Uhr.

Na wenigstens weiß man in der Mitte des Prenzlauer Berg immer, was die Stunde geschlagen hat.

*

am 26.2.2012 **Asta Nielsen im Naugarder Kiez**

Am Samstag den 25.Februar fand im Café in der Naugarder / Rietzestr. ein besonderes Event statt.
Es wurde an die Eröffnung des Kinos (einer Flohkiste) in eben jener Lokalität vor genau einhundert Jahren erinnert. (Der Kinobetrieb wurde bereits vor fünfzig Jahren wieder eingestellt.) An diesem Abend des 25.Februars diesen Jahres berichteten erst Zeitzeugen über ihre Erinnerungen an das einstige Kino, im Anschluss wurde der Stummfilm „Der fremde Vogel" mit Asta Nielsen aus dem Jahr 1912, mit Live-Klavierbegleitung durch den Pianisten Ullrich Ripke aufgeführt. Mit ca. fünfundachtzig Teilnehmern plus den Initiatoren dieser Veranstaltung, der „Geschichtswerkstatt Naugarder Kiez", war das Café prall gefüllt.

*

Stadtrundgang in der Carl-Legien-Siedlung
am 25.9.2015

Ein solcher fand am 18.September früh um 7.30 Uhr statt und wurde auf Bitten mehrerer Anwohner, die sich durch den in ihren Augen relativ hohen sogenannten „Schleichverkehr" im Viertel gestört fühlen, durchgeführt. Organisiert hatte den Vor-Ort-Termin mit Begehung Dr. Clara West (SPD).
Anwesend waren, neben ihr sehr viele interessierte Anwohner und u.a. Jens-Holger Kirchner, Dr. Torsten Kühne und Roland Schröder uvam. Die Vorschläge der Bürger reichten von „Autoverkehr ganz verbieten" über Einbahnstraßenregelungen bis hin zur Parkraumbewirtschaftung. Die Politik versprach, am Thema dran zu bleiben, verwies aber auch auf die unterschiedlichen Kompetenzen was die Verkehrsflussregelung angeht, weil diese bei Land und Bund liegen und der Bezirk hier nur Bittsteller sein darf.

P.S.: sorry, gerade Lachanfall … hätte oben eben fast geschrieben: „... anwesend waren neben den gestörten Bürgern auch noch …"

*

Korrektur zu meinem Text über den Meilenstein im März - am 9.3.2016

Ja, ich bin ein Berliner … und vermutlich mehr, als die aller, aller meisten, die sich heute „Berliner" nennen. In einer alten Familienbibel, die leider vor sechs Jahren samt meinem Bruder verschwand, war zu lesen, dass bereits im Jahre 1828 im „Spandauer Viertel" in Berlin eine Frau Beck, geboren in Berlin, einen gewissen Herrn Beckmann, gleichfalls geboren in Berlin, heiratete. Das war meine Ur-Ur-Ur- ...Großmutter … mein Zweig mütterlicherseits. Meine Mutter pflegte dann immer zu sagen, wenn sie diese Bibel immer zu Weihnacht hervor kramte: „Damit hatte dann Frau Beck ihren Mann."

In meinem besagten Text über den Meilenstein hab ich mich dämlich und missverständlich ausgedrückt und mich dummer Weise auf Informationen bezogen, die Sie als Leser überhaupt nicht haben konnten. Teil des Anstoßes für recht viele Leserreaktionen war dieser Absatz aus dem Artikel ab Satz drei:
„Namen halten sich im Volksmund ja sehr lange. Dass man es mit den Namen damals nicht so genau nahm, sieht man u.a. an der Bezeichnung "Königstor" für die Ecke Winsstraße / Marienburger, im Dezember berichtete ich ja über die dortige ehemalige Brauerei."

Was ich Ihnen dabei als Hintergrundinformation unterschlug, war ein Erlebnis, das ich mit Dirk hatte, als wir die Bilder für den Text zu der Brauerei „Max Böhm" - Dezemberausgabe – im Archiv des Prenzlauer Berg Museum suchten.

Einige der Bilder zu dieser Brauerei, die wir dort zu diesem Thema fanden und die im übrigen hier leider aus Lizenzgründen nicht abgedruckt wurden, hatten in besagtem Archiv die Unterschrift "Am Königstor – Winsstraße / Marienburgerstraße" oder so ähnlich, was bei uns beiden Suchenden eine gewisse Heiterkeit hervor rief.

Dass sich die Bezeichnung "Königstor" auf die Ecke Greifswalder Str. / Prenzlauer Berg / Am Friedrichshain bezieht, ist heute allgemein klar.

Aber beim erstellen so manchen historischen Bildes wurde die Bezeichnung „Königstor" als Bildtitel anno dunnemals wohl doch recht weiträumig ausgelegt, was sicher mit der fehlenden Bebauung um 1850 an jener Stelle, es war halt die Berliner Feldmark, zu tun hatte.

Ich hoffe, ich habe mich jetzt ein wenig genauer ausgedrückt und besagte Schludrigkeit von mir hiermit korrigiert.

*

am 17.3.2012 - **Prenzelberger Ansichten in eigener Sache**

Wir sind Umwelt bewusst.

Im Gegensatz zu vielen anderen Publikationen, die oft die Briefkästen verstopfen und von denen meist 95% sofort im Hausmüll oder in der Papiertonne landen, haben wir als Prenzelberger Ansichten, allein dadurch, dass Sie unsere Zeitung bewusst mitnehmen, nur einen äußert geringen Rücklauf. Neben einigen verschmutzten Deckexemplaren, die bei der Auslieferung anfallen (etwa 50 Exemplare), haben wir am Monatsende einen Rücklauf von höchstens einhundert bis einhundertfünfzig Exemplaren. Macht bei unserer Auflage einen Anteil von nur etwa 1 – 2 % der gedruckten Exemplare, die gleich in der Tonne landen. Somit schonen wir Umwelt und Ressourcen.

Bei der Auslieferung nutzen wir obendrein kein eigenes Firmenauto sondern holen uns nur für diese Tage einen Mietwagen.

Und unsere Redakteure arbeiten z.T. mit Strom aus 100 % erneuerbaren Energien!
Wir reden nicht über die Energiewende, wir machen sie!

*

am 15.6.2016 - **Fröbelplatzumbau**

Wie der Fröbelplatz und dabei insbesondere die Bolz- und Spielplätze, erneuert werden sollen, wurde durch den Planungsleiter Herrn Oppermann am 15. Juni öffentlich bei einem Vor-Ort-Termin erläutert. Das Projekt sei mit ca. zweihundertneunzigtausend Euro Brutto „gut durchfinanziert", so der Planer. Im Herbst soll begonnen werden „... und wenn das Wetter mit spielt, sind wir noch in diesem Jahr fertig. Sonst wird es halt frühes Frühjahr.", so Herr Oppermann weiter. Es soll die „Aufenthaltsqualität" gesteigert und die Barrierefreiheit zum Platz endlich gesichert werden. Viele der bisher vorhandenen Spielgeräte sollen indes erhalten, jedoch zum Teil umgesetzt werden. Es soll mehr Sitzgelegenheiten geben. Für den Bolzplatz, der neben zwei Fußballtoren auch mindestens einen Basketballkorb erhalten soll, ist nach bisheriger Planung nur eine Asphaltdecke vorgesehen und kein Kunstrasen, „... damit die Bälle", laut Planer, „auch richtig gut springen können... ".

*

am 7.8.2012 - **Underground**

Man denkt ja, dass die Buddeleien im Prenzlauer Berg immer nur Temporär sind, aber manchmal hat man den Eindruck, „die werden nie fertig" oder „der ganze Prenzlauer Berg wird ständig umgewühlt." Vielleicht gewöhnt man sich auch ganz einfach an die ständigen Baustellen und sieht sie gar nicht mehr. Hier eine kleine Auswahl der Baustellen Stand vor zwei Tagen (ist garantiert nicht vollständig) – genannt sind Vollsperrungen,

Spureinschränkungen, Spurverschwenkungen, plötzliche Einbahnstraßenregelungen oder temporäre Sackgassen:

- Greifswalder Str zwischen Danziger und Königstor
- Am Friedrichshain – überall mal so
- Margarete-Sommer-Str.
- Paul-Heyse-Str zur Danziger
- Sredzkistraße Abschnittsweise
- Kastanienallee seit etwa zwei Jahren
- Storkower Str. kurz vor der Greifswalder schon seit fast vier Jahren immer mal wieder
- Raumer Ecke Lychener
- Senefelder Str. zwischen Stargarder und Göhrener Str
- Raumerstr zwischen Senefelder und Prenzlauer Allee
- Knaackstr. zwischen Prenzlauer Allee und Kollwitzstr
- Belforter Höhe Straßburger Str.
- Stargarder Ecke Schönhauser Allee
- Gleimstraße fast komplett
- Kopenhagener Str. auf einigen Abschnitten
- Choriner Str. höhe Oderberger Straße
- die Oderberger Str. Abschnittsweise
- Fröbelstraße vor dem Krankenhaus
- Naugarder Straße
- Greifswalder Str. Höhe S-Bahnhof
- Greifenhagener Str.
- Buchholzer Str.
- Christburger Straße Abschnittsweise
- Milastr.
- Dänenstr.
- Schivelbeiner Ecke Schönhauser
- Bötzowstr
- alter Schlachthof an mehreren Stellen
- Stahlheimer/Pappelallee
- Schönhauser Allee Höhe S-Bahnhof
- Ystader / am Falkplatz
- Korsörer
- vor dem Aldi Schwedter Str.

- Gaudystr
- Schwedter Str. noch zweimal
- Schönhauser Allee zur Torstraße gesperrt
- Schönhauser Allee neben dem jüdischen Friedhof
- Kollwitzstr/Metzer Str.
- Saarbrücker Str.
- Straßburger Str. mehrmals
- Straße Prenzlauer Berg
- Prenzlauer Allee / Wichert-/Grellstr
- Hufelandstr/Hans-Otto-str.
- John-Scheer-Str
Conrad-Blenkle-StR: / Landsberger Allee
Wörther Ecke Knaackstr.
Ostsee Str.

Mir scheint es allmählich einfacher, die Straßen aufzuzählen, in denen NICHT gebaut wird! Sagt mal sieht es in anderen Stadtteilen Berlins genauso aus?

*

am 15.7.2013 - **Sonnenburger Straße - Nach Info eines Lesers, der in eine der Schulklassen ging = Augenzeuge:**

„23.April – 2.Mai 1945 Kampfgetümmel
Dänenstr. / Sonnenburger Brücke standen die sowjetischen Panzer. Auf Exer lag die Waffen SS. Beide beharkten sich gegenseitig die ganzen Tage hindurch. In der Schule Ystader kampierte der Volkssturm. Gleimstr. / Graunstr. hatte die Waffen SS 'n großes Lager mit Waffen und Verpflegung.
Nach Kampfeinstellungen wurden alle Waffen und Munition auf dem Innenhof der Schule gesammelt.
Es stand noch ein weiterer Schulflügel in der Sonnenburger Straße, der fertig gebaut war und für den Unterricht genutzt wurde – zwischen den Wohnhäusern und der Bewag.
Am 1.Juni 45 begann der Schulbetrieb wieder. Die Sonnenburger Brücke wurden bei diesen langen Kampfhandlungen zerstört.

Am 18. Juni explodierte beim Aufladen der Munition vom Schulhof auf LKW dieser Munitionshaufen … er explodierte sechs Stunden lang.

Bilanz: mindestens 26 Tote und ungezählte Verletzte

dabei wurde vermutlich der Schulflügel in der Sonnenburger Str. so schwer beschädigt, dass er abgerissen werden musste. Während der Explosion saßen Schüler der 1. + 2.Klasse in je drei Klassenzügen in diesem Gebäude und wurden schwer verletzt. Die Bergungsarbeiten an den Kindern zogen sich noch über Stunden. Die Kinder dieser Klassen mussten dann auf Jahre zum Unterricht in die Schule in der Schönfließer Str. … sie kamen erst mit der 7. oder 8. Klassenstufe zurück in die Ystader Schule.

Über dieses Unglück gibt's keine amtlichen Unterlagen, aber -zig Zeugen!"

*

Der alte „Zentralvieh- und Schlachthof" - am 17.2.2014

Warum das ehemalige Zentralviehhofgelände, ein (Achtung Wortspiel!) Filetstück, bei diesem Wohnungsmangel Berlin mit solch flachen Apartmenthäusern bebaut ist, ist mir unklar. Wer noch vor fünfundzwanzig Jahren mit der Ringbahn entlang Landsberger Allee und Storkower Straße fuhr, bekam regelmäßig herzhaft stinkenden Stallgeruch in die Nase und hörte das aufgeregte Quieken erschreckter Schweine. Ursprünglich sollte ab 1867 ein Gelände entlang der Weddinger Voltastraße zum großen, zentralen Vieh- und Schlachthof Berlins werden. Das Areal wurde allerdings nicht als als Zweck entsprechend erachtet und ab 1881 siedelte sich deshalb dort u.a. die AEG an.

Am 28. Oktober 1876 erwarb deshalb Berlin einen Teil (38,62 ha) der Lichtenberger Feldmark, um darauf den „Central-Vieh- und Schlachthof" zu errichten. Auf der Basis Virchowscher Hygienevorstellungen begannen am 26. November 1877 die Bauarbeiten. Am 30. März 1878 wurde das Gelände von Berlin eingemeindet, da sonst das

Schlachtzwanggesetz nicht hätte angewandt werden können. Die Eröffnung fand am 1. März 1881 statt. Von 1937 bis Juli 1940 entstand quer über den Viehhof eine 420 Meter lange, vier Meter breite und sechs Meter hohe Fußgängerbrücke aus genietetem Stahl, die an der Eldenaer Straße in einen aus Backsteinen gebauten Treppenturm mündete. Die Brücke wurde errichtet, um den Zugang zur Ringbahn vom Friedrichshain aus zu ermöglichen, ohne dass man aus hygienischen Gründen, direkt das Viehhof-Gelände zu betreten brauchte. Letztes Überbleibsel ist am ehemalige Ausgang in der Eldenaer Straße das „Eisbeineck", in dem schon zur Kaiserzeit die Schlachter zechten.

Von 1976 bis 1977 wurde die Fußgängerbrücke vom S-Bahnhof zur Storkower Straße um 85 m auf 505 m verlängert (diese Verlängerung erkennt man an den geschweißten Stahlteilen) und der einstige S-Bf. „Zentralviehhof" in „Storkower Straße" umbenannt.

Direkt über dem Viehhof hatte die Brücke nur Milchglasscheiben, um den Reisenden das blutige Drama unter sich optisch zu ersparen. Das Quieken der Schweine in Todesangst hörte man trotzdem. Als Fußgänger hatte man immer ein leicht mulmiges Gefühl im Bauch., ... der Weg zog sich und gerade abends in halbdunkler Beleuchtung schallten oft ferne Schritte unheimlich ans eigene Ohr.

Der eigentliche Viehhof wurde in den Berliner Bombennächten des zweiten Weltkriegs weitgehend zerstört und danach nur zum Teil wieder aufgebaut. Unmittelbar nach dem Kriege diente das Gelände erst als Beutelager der Sowjetarmee, die hier auch das lagerte, was sie an Reparationen aus Berlin heraus holte und dann als Schuttablageplatz für die Trümmer aus der Innenstadt. In den 50er Jahren siedelte sich viel Kleingewerbe auf dem Areal an und der Großhandelsbetrieb „Wirtschafts-vereinigung Obst, Gemüse, Speisekartoffeln" hatte hier sein Konservenlager ... damals hochmodern mit Computern und Lochkartenbearbeitung.

Der eigentlich Schlachthof wurde 1991 geschlossen. Ab 1995 gab es Planungen für ein neues Stadtquartier. Die dort heute noch existierenden alten Gebäude stehen heute durchweg unter Denkmalschutz. Auf dem ehemaligen Viehhof-Gelände gibt es kaum noch Originalbauten aus der Anfangszeit. Im Jahr 2003 wurde ein groß Teil der Fußgängerbrücke abgerissen. Eine kleine, neue Straße erinnert heute an die im Volksmund so genannte „Zum Langen Jammer".

Zu dem heutigen Zustand des Areal gibt's derzeit nicht mehr viel zu sagen. Der größte Fahrradhändler Berlins ist in der einstigen Rinderauktionshalle untergekommen.

Es gibt mehrere riesige Supermärkte, Baumärkte, Möbel- und Bettenhäuser, einen großen Frischemarkt mit riesigen Theken und einen Großhandel für Baumaterial. Sehr schön sind die großen, unbebauten Freiflächen rund um die alte „Hammelauktionshalle" und das Hundeauslaufgebiet an der Ecke Thearstraße / Herrmann-Blankensteinstraße.

Wer am Nachmittag mal einen Kaffee will, bekommt den leider nur in den Eingangsbereichen der großen Märkte. Wenn die schließen, ist es auf dem ehemaligen Viehhof-Gelände sehr ruhig.

*

Über Maik Marx und Plan Genial - am 18.2.2014

Was wohl für diesen Berufsstand als „seriös", als „Kleidungsetikette" und „Konformität" gilt, womit denn dann auch eventuelle Besucher oder, noch besser, Kunden „angelockt" werden sollen, wirkt auf mich immer wieder nur in höchstem Maße abschreckend!

Ich kenne sie! Sie laufen bei mir am Prenzlauer Berg, am Potsdamer Platz, im Regierungsviertel und am Tauentzien in wahren Heerscharen frei herum, diese glatt gebügelten, schleimigen, windigen Typen im Nadelstreifen oder Stresemann, in Schlips und Kragen, die auf mich genauso schmierig wirken, wie die Pomade in ihren Haaren.

Niemals, nein wirklich niemals würde ich so einem Typen mein Geld oder meine Ideen anvertrauen!

Ein Schlips scheint den Männern in diesem Gewerbe die Blutzufuhr zum Gehirn abzuschneiden, bei den weiblichen Individuen dieser Spezies ist es vermutlich die Halskette.

Und da ist nun Maik Marx wirklich anders! Mit ihm, so hat man das Gefühl, verkehrt man auf einer Augenhöhe. Eine absolute Ausnahme in diesem Gewerbe! Keine Maßanzüge, dafür Jeans, kein Sakko, sondern T-Shirt, keine Pomade im Haar, dafür aber die angefangene Cola-Flasche am Arbeitsplatz im Büro.

Und das Büro selbst eben nicht „City Lage", wo man beim Betreten des Hauses am liebsten nochmals seine Jacketkronen heimlich nachpolieren möchte, weil man sich sonst im Treppenhaus schämt, dessen heiliges, tropenhölzernes Parkett mit den Schuhen zu berühren.

Bei Maik Marx dagegen fast schon Berliner Randlage, idyllisches Eigenheimambiente, aber mit der Straßenbahn nur dreißig Minuten von der eigentlichen City-Ost entfernt. Dazu dann das Büro im Keller.

Das gibt dem ganzen etwas Verschwörerisches, im wahrsten Sinne „undergroundiges". Man merkt: hier werden Ideen erdacht und geboren, die die Welt verändern können, und als Gründercoach kann man Maik blind vertrauen!

Das ganze Ambiente ist so gewollt, … damit Menschen wie ich, die mit den „Anderen" da oben, siehe oben, schon so ihre … einschlägigen … Erfahrungen gemacht haben, wieder Vertrauen in das Finanzsystem fassen.

Maik macht das hervorragend. Er berät, weiß wie man mit welchem Amt umgehen muss, schickt bei Amtsgängen, wer es will, Begleitung aus seiner Firma mit, die sich mit dem System auskennt und die einem dann den Rücken frei halten und beraten kann. Dazu ist Maik eben auch noch Mensch, einer der Zuhört und der einen beruhigt, wenn man mal wieder beunruhigende Post von einem Amt oder einer Behörde bekommen hat..

Maik Marx bietet mit „Plan genial" das wirklich „rundum sorglos Paket" an, und all dies, gepaart mit seinem Auftreten ist es, was ihn für mich in diesem Gewerbe am Vertrauenswürdigsten und am Zuverlässigsten macht.

Zusatz am 26.5.2024: die genannte Firma existiert seit Anfang 2023 nicht mehr!

*

Daten:

Zusammenstellung 9. – 19.5.2024

vorsichtiger Nachschliff mit grober Rechtschreibprüfung und einfügen von Fußnoten: 19.6. - 20.6. 2024, … ich liebe diese lang dämmernden Abende rund um die Sommersonnenwende, wenn das Tageslicht bis gegen 22.30 Uhr noch bis zum Schreibtisch durchscheint und es einen zum länger arbeiten verleitet, denn es ist ja noch immer nicht wirklich dunkel …

Rechtschreibungsprüfung: 13.7.2024

Optischer Schliff: 15.7. 2024

Letzte Korrekturen: 7.1ß.2024